Der Islam

Glaube Leben Geschichte

Muhammet Mertek

Für meine lieben Kinder
Musab, Afra Betül und Ferhan

Der Islam

Glaube Leben Geschichte

Muhammet Mertek

Herausgeber:

Institut für Information über Islam und Dialog e.V. (INID e.V.)

ISBN 3-935521-01-4

Best. Nr.: I 002

Publikations-Nr.: 4

Korrespondenz:

Roonstr. 46

D-59065 Hamm

Tel.: 02381 / 92 61 65

E-mail: inid99@aol.com

Website: www.inid.de

Buchumschlag: Zübeyde Besirli-Kosar

Layout: Martin Holz

Druck: Güzel Sanatlar Matbaası - Istanbul

Inhaltsverzeichnis

Einleitung 9

1. Religion und Islam 11
    1.1. Religion 11
    1.2. Islam 12

2. Glaubensgrundsätze 14
    2.1. Gottesvorstellung 14
    2.2. Prophetenschaft 18
    2.3. Offenbarungsschriften 23
    2.4. Engel 23
    2.5. Auferstehung 24
        2.5.1. Tod und Jenseits 24
        2.5.2. Wichtig sind vor allem gute Vorsätze 26
        2.5.3. Bestrafung im Jenseits 27
        2.5.4. Die Barmherzigkeit Gottes 28
        2.5.5. Warum es so wichtig ist, an die Wiederauferstehung zu glauben 29
    2.6. Vorherbestimmung 35

3. Bewertung der Handlungen von Muslimen 40

4. Säulen des Islam 42
    4.1. Die Glaubensbezeugung 42
    4.2. Das Pflichtgebet 42
    4.3. Die Sozialabgabe (*zakat*) 50
    4.4. Das Fasten 51
    4.5. Die Pilgerfahrt (*hadsch*) 52

5. Opferfest 58
    5.1. Ursprung 58

5.2. Opfervoraussetzungen 60
5.3. Das Opfern in der Praxis 62

6. Feste im Islam 64
6.1. Die Feste im Alltag 65

7. Bittgebet im Islam 66

8. Der Gebetsruf 74

9. Die Moschee (*câmi*) 75

10. Heilige Nächte 77
10.1. Der Geburtstag des Propheten (*maulid*) 77
10.2. Die Nacht der Empfängnis (*lailatur-raghaib*) 77
10.3. Die Nacht Himmelsreise (*lailatul-mi'radsch*) 77
10.4. Die Nacht der Befreiung (*lailatul-baraa*) 78
10.5. Die Nacht der Macht (*lailatul-qadr*) 78

11. Sufismus 79
11.1. Aufrichtigkeit und Wahrhaftigkeit 80
11.2. Futuwwa 81
11.3. Brüderlichkeit (*ukhuwwa*) 82
11.4. Wohlgefallen (*ridâ*) 83

12. Rechtsquellen des Islam 84
12.1. Der Koran 84
12.2. Die Sunna 86
12.3. Der Konsens (*idschma*) 88
12.4. Der Analogieschluss (*qiyas*) 89

13. Theologische Schulen und Rechtsschulen im Islam 90
13.1. Die theologischen Schulen 91
13.1.1. Imam Maturidi 91
13.1.1. Imam al-Asch`ari 92
13.2. Die islamischen Rechtsschulen 92
13.2.1. Die hanafitische Rechtsschule 92

13.2.2. Die malikitische Rechtsschule 93
13.2.3. Die schafiitische Rechtsschule 94
13.2.4. Die hanbalitische Rechtsschule 95
13.3. Die von den sunnitischen Rechtsschulen abweichenden Schulen 96
13.3.1. Mu'tazila 96
13.3.2 Die Schiiten 96
13.3.3. Alewiten (*ahl al-bayt*) 98

14. Die islamische Geschichte 102
14.1. Die vorislamische Zeit (die Zeit vor der Prophetenschaft Muhammeds) 102
14.2. Das Leben des Propheten Muhammed 103
14.2.1. Kindheit und Jugend 103
14.2.2. Die Berufung Muhammeds zum Propheten 104
14.2.3. Die Anfänge des Islam 105
14.2.4. Die Hidschra (Auswanderung) 106
14.2.5. Der Prophet Muhammed als Vorbild 108
14.2.6. Die Ehen des Propheten Muhammed 110
14.3. Verbreitung des Islam 115
14.3.1. Die Epoche der vier rechtschaffenen Kalifen (632-661) 115
14.3.2. Kharidschiten 115
14.3.3. Die Umayyaden (661-750) 116
14.3.4. Die Abbasiden (750-1258) 117
14.3.5. Fatimiden, Ayyubiden, Mamluken 117
14.3.6. Karahaniden 118
14.3.7. Ghaznawiten 118
14.3.8. Groß-Seldschuken 119
14.3.9. Die anatolischen Seldschuken 119
14.3.10. Die Kreuzzüge 120
14.3.11. Die Osmanen 122

15. Anspruch des Islam 125

16. Das Verhältnis des Islam zu anderen Religionen 126

16.1. Der Islam und Jesus 127

17. Dschihad 130

18. Frieden im Islam 137
18.1. Friedensabkommen in Hudaibiya 141

19. Die Stellung der Frau im Islam 144
19.1. Rechte und Pflichten der Frau 145
19.2. Eheschließung im Islam 146

20. Kinderrechte 148

21. Die islamische Kultur - einige Umgangsformen 150
21.1. Die Begrüßung 150
21.2. Die Sauberkeit 152
21.3. Nachbarschaft 154

22. Islam und Wissenschaft 155
22.1. Islamische Kunst 160

23. Der Islam, die Religion der Weisheit 161

24. Islam und Umwelt 163

25. Für Dialog und Toleranz zwischen verschiedenen Religionen 165

26. Anhang 172
26.1. Die Abschiedspredigt des Propheten Muhammed 172
26.2. Die 99 schönen Namen Allahs 176
26.3. Die Koransuren in der Reihenfolge ihrer Offenbarung 179
26.4. Die Pflichten eines Muslims 181
26.5. Der islamische Kalender 183
26.6. Maria 185
26.7. Tod und Bestattung im Islam 191

27. Quellenangaben und weiterführende Literatur 195

Register 197

Einleitung

Der Islam ist die Religion, die in den letzten Jahrzehnten ihre dritte und bislang größte Konfrontation mit dem Westen erlebt und bei kontrovers geführten Diskussionen stets auf der Tagesordnung steht. Gleichzeitig ist er eine der größten Weltreligionen.

Was wissen wir über diese Religion? Ist der Islam wirklich eine "Religion des Krieges"? Hat es der Islam verdient, dem Westen als Feindbild zu dienen? In wieweit verhalten sich die Anhänger des Islam "islamisch"? Warum existieren unterschiedliche Auslegungen des Koran? Wie heißen die islamischen Rechtsquellen? Gibt es im Islam einen "Heiligen Krieg"? - Was können wir als das Wesen des Islam bezeichnen?

In diesem Buch werden Sie grundsätzliche Antworten auf eine Auswahl dieser Fragen finden. Insbesondere auf Grund von Vorurteilen, die u.a. auch durch Fehlinformationen über den Islam in den Medien und in den deutschen Lehrbüchern für den Religionsunterricht entstanden sind, erscheint es mir sehr wichtig, das "Wesen des Islam" aus verschiedenen Perspektiven darzustellen. Betonen möchte ich allerdings, dass dieses Buch keinen Anspruch auf Vollständigkeit erhebt. Auf viele wichtige Aspekte des Islam kann in diesem Buch, in dem es vor allem um die Grundzüge des Islam geht, nicht eingegangen werden. Dies bedeutet jedoch nicht, dass ich sie nicht für wichtig hielte. Sollten Sie bestimmte Fragestellungen vermissen, möchte ich Sie hiermit auf die weiterführende Literatur hinweisen, die Sie im Anhang des Buches finden.

Inzwischen wird immer deutlicher, dass das Zusammenleben der Menschen verschiedener Kulturen und Religionen und eine tolerante und dialogbereite Haltung zueinander die einzige Chance für den

Weltfrieden ist. Der erste Schritt in diese Richtung besteht darin, andere Kulturen und Religionen kennen zu lernen und sich möglichst viel Wissen über sie anzueignen. Zweifellos sollten wir dabei sowohl Gemeinsamkeiten als auch Unterschiede zwischen den Religionen erkennen. Nur so ist es möglich, kulturelle Fremdartigkeit nicht als eine Gefahr oder eine Bedrohung zu betrachten.

Dieses Buch möchte einen kleinen bescheidenen Beitrag zur Förderung des friedvollen Zusammenlebens der Anhänger der verschiedenen Religionen leisten. Es eignet sich für eine Verwendung im christlichen Religionsunterricht und im Unterricht für Islamkunde. Es ist für christliche und muslimische Kolleginnen und Kollegen, aber auch für alle anderen am Islam Interessierten gedacht.

Abschließend möchte ich mich bei Herrn Wilhelm Willeke herzlich dafür bedanken, dass er mich bei der Entwicklung dieses Buches als Lektor unterstützt hat.

Hamm im Mai 2001 ***Muhammet Mertek***

Zur Umschrift und Aussprache der arabischen Begriffe

Die arabischen Wörter im Text sind, sofern sie nicht im deutschen Sprachgebrauch geläufig sind (wie z.B. das Wort Hadith), kursiv geschrieben. Die Umschrift der arabischen Wörter wurde bewusst sehr einfach gehalten, um den Leser nicht zu verwirren und eine einfache Lesbarkeit zu gewährleisten. Einige Anmerkungen zur Aussprache der Umschrift im Deutschen:

th - ähnlich dem englischen th (thing)
gh - nicht gerolltes scharfes r (wie in Rahmen, Razzia)
kh - ähnlich dem deutschen ch (auch)

Die Vokale a, i und u sind im Allgemeinen Kurzvokale. Langvokale werden jeweils mit einem Dach dargestellt: â, î und û. Im Arabischen gibt es weder ein e noch ein o.

1. Religion und Islam

1.1. Religion

Zunächst einmal möchte ich definieren, was der Begriff "Religion" aus der Sicht des Islam beinhaltet.

Zum Bedeutungsfeld des Wortes "Religion" gehören Anbetung, Gehorsam, Frömmigkeit, Bestrafung, Belohnung, Rechenschaft und ein Weg bzw. ein Pfad. Diese Bedeutungsinhalte sind miteinander verknüpft. Der Pfad ist der Weg, der durch Gehorsam zu Gott, dem Allmächtigen, führt. Am Ende seines Lebens wird der Mensch volle Rechenschaft über all seine guten und schlechten Taten, über alles, was er auf dem Weg getan hat, ablegen müssen. Etwas formaler könnte man "Religion" definieren als "Gesamtheit des Gesetzes Gottes, das jeden, der im Besitz seiner geistigen Kräfte ist, dahin führt, Gutes zu tun".

Die Religion beeinflusst das individuelle und gesellschaftliche Leben des Menschen positiv. Sie betont den Stellenwert des Menschen und beseitigt seine egoistischen und hochmütigen Gefühle. Sie fördert seine Opferbereitschaft und seinen Sinn für Gerechtigkeit. Sie ermuntert ihn, gegen jede Art von Tyrannei Stellung zu beziehen. Sie befreit den Menschen von Hoffnungslosigkeit, Antriebslosigkeit und Ziellosigkeit; sie verstärkt seine Entschlossenheit und kräftigt seinen Willen. Sie ermuntert ihn, Gutes zu tun und sich für moralische Werte einzusetzen.

Die Religion kommt auch der Gesellschaft zugute: Sie kann einen Beitrag dazu leisten, die gesellschaftliche Einheit zu bewahren und die sozialen Unterschiede zu beseitigen. Sie fördert die soziale Ethik und lässt die Individuen harmonisch zusammenleben. Sie schützt die

Gesellschaft vor schlechten Einflüssen. Besonders in Zeiten von Kriegen und Katastrophen trägt sie dazu bei, dass Wunden und Zerstörung besser überwunden werden können.

1.2. Islam

Nach dieser allgemeinen Betrachtung zum Begriff "Religion" kommen wir nun zum Islam. Der Islam ist eine rein monotheistische Religion. Wörtlich übersetzt bedeutet Islam "Hingabe", "Unterwerfung", "heil sein", "unversehrt sein". Zum Inhalt des Stammwortes gehören auch die Begriffe "Friede" und "Ergebung in Gottes Willen".

Der Islam bezeichnet die von Gott für den Menschen vorgesehene Lebensweise der friedvollen Hingabe, des Friedens mit Gott, den Mitmenschen, der Umwelt und sich selbst. Islam bezeichnet die Religion der Muslime (wörtlich: "die sich Gott ergeben haben").

Der Islam ist ein Glaube und ein Lebensweg, der alle Macht und Verfügungsgewalt Gott, dem der alles erschaffen hat, zuerkennt. Gott unterweist den Menschen durch Seine Bücher und Propheten, den Koran und den letzten Propheten Muhammed. Ziel des Islam ist der Erfolg des Menschen sowohl auf der Erde als auch im Jenseits, was Frieden und ein gutes Verhältnis des Menschen zu seinen Mitmenschen und Gott erfordert. Der Islam verlangt vom Menschen das zu nutzen, was die Schöpfung ihm bietet, und gleichzeitig seine spirituelle Bestimmung nicht außer Acht zu lassen. Der Islam offeriert deshalb eine vollständige Lebensanleitung, um den Menschen in moralischen, sozialen, politischen, ökonomischen und anderen Bereichen zu leiten.

Im Islam geht es hauptsächlich um fünf Grundrechte:

1) Schutz der Religion,
2) Schutz des Lebens (Lebensrecht),

3) Schutz der Vernunft (Recht auf eine gesunde Seele und einen gesunden Geist),
4) Schutz der Generation (der Familie),
5) Schutz des Eigentums (Eigentumsrecht).

Nimmt man die fünf Grundrechte und zieht daneben auch die vier Rechtsquellen (siehe Kapitel 12) in Betracht, wird verständlich, dass der Islam alle Bereiche des menschlichen Lebens regelt. Der Islam wird im Koran als die Religion bezeichnet, die in ihrer Wahrheit und in ihrer Gesetzgebung der Natur des Menschen am besten entspricht (vgl. Koran, 30:30).

Der Prophet Muhammed, dessen namentliche Erwähnung Muslime oft mit den Worten "Allah möge ihm Frieden und Heil schenken!" begleiten, definierte die Schwerpunkte des Islam wie folgt (Sammlungen Bukhari, Muslim, Tirmidhi):

- Glaubensbezeugung,
- Gebet,
- Sozialabgabe,
- Fasten und
- Pilgerfahrt.

Das sind die fünf Säulen des Islam (siehe Kap. 4). Der Islam besteht aus Glauben und Handeln. Die Glaubensbezeugung deutet auf den Glauben und die anderen Säulen auf das Handeln im praktischen Leben.

2. Glaubensgrundsätze

Der Muslim glaubt

1. an Allah, den Einen Gott,
2. an alle Gesandten Gottes und Muhammed als den letzten Gesandten,
3. an die Offenbarungsbücher (-schriften) und den Koran,
4. an die Engel,
5. an die Auferstehung (das Leben nach dem Tode) und
6. an die Vorherbestimmung (sei es im Guten oder im Schlechten).

Die sechs Glaubensgrundsätze sind auch im folgenden Gebet erwähnt:

> *Ich glaube an den Einen Gott, Seine Engel, Seine Offenbarungsbücher und Seine Gesandten, an den Jüngsten Tag und daran, dass alles - ob Gutes oder Schlechtes - von Gott vorherbestimmt worden ist. Ich glaube an die Wiederbelebung nach dem Tode, die unbedingt erfolgen wird, und ich bezeuge, dass es keine Gottheit außer Allah gibt und Muhammed Sein Diener und Gesandter ist.*

2.1. Gottesvorstellung

> *Er ist Allah, ein Einziger, Allah, der Absolute (Ewige, Unabhängige, von dem alles abhängt). Er zeugt nicht und ist nicht gezeugt worden und Ihm ebenbürtig ist keiner.* (112:1-4)

Der türkische Dichter Ibrahim Hakki (18. Jhdt.) sagt: "Im gesamten Universum der Schöpfung gibt es nichts, was Gott gleich, ähnlich oder

Ihm entgegengesetzt wäre. Gott ist über alle Form erhaben, ja sogar immun ihr gegenüber und frei von Form."

Allah als der Eine und Einzige Gott ist die zentrale Grundlage des islamischen Glaubens. Daher ist an dieser Stelle eine Charakterisierung Allahs angebracht. Allah ist der Eine, der Einzige, der allein und unvergleichlich ist. Ihm werden 14 Eigenschaften zugesprochen, die sich in zwei Gruppen unterteilen lassen:

1) 6 Eigenschaften, die sich auf Seine Person beziehen und
2) 8 bezeugte Eigenschaften.

Eigenschaften Seiner Person:

1) Existenz (*Wudschud*)
2) Ewige Anfangslosigkeit (*Qidam*)
3) Endlosigkeit (*Baqâ*)
4) Einzigkeit (*Wahdaniya*)
5) Unterschiedlichkeit, keine Ähnlichkeit zu Geschöpfen (*Mukhâlafatun lil hawâdis*)
6) Allumfassende Unabhängigkeit (*Qiyâm bi nafsihi*)

Die bezeugten Eigenschaften Allahs:

1) Lebendigsein (*Hayât*)
2) Wissen (*Ilm*)
3) Hören (*Sami*)
4) Sehen (*Basar*)
5) Wollen (*Irâda*)
6) Können (*Qudra*)
7) Sprechen (*Kalâm*)
8) Schöpfen (*Taqwin*):

Charakteristisch für das islamische Gottesverständnis sind die Namen und Eigenschaften, die dem Einzigen Gott Seinem Wesen und Handeln nach zugeordnet werden. Man spricht von den "99 schönsten Namen Allahs", die in Nominalform im Koran und in der Sunna vorkommen.

Ein Verzeichnis der 99 Namen finden Sie im Anhang. Im Folgenden möchte ich einige besonders wichtige herausgreifen und kurz erläutern.

ALLAH,

ar-Rahmân:	Der Erbarmer (Koran, 1:1); nur Gott ist *ar-Rahmân,* Ursprung aller Barmherzigkeit für die Schöpfung insgesamt.
ar-Rahim:	Der Barmherzige (1:1); Gott erweist seinen Dienern besondere Barmherzigkeit.
al-Wahhâb:	Der Freigebige (3:8); Er schenkt uns fortwährend die unterschiedlichsten Dinge, ohne dafür eine Gegenleistung zu erwarten.
ar-Razzâq:	Der Gewährer des Lebensunterhalts (51:58); Er bietet dem Menschen eine Grundlage, auf deren Basis er ein glückliches Leben führen kann.
al-Fattâh:	Der Öffner der Türen zum Erfolg; der Richter (34:26); Er erleichtert dem Menschen alle Schwierigkeiten und hilft ihm in allen Bereichen.
al-Hâkim:	Der weise Richter (7:87), der Weise (2:32); all das, was Er schafft oder tut, kündet von Weisheit und Vollkommenheit.
al-Dschalâl:	Der Majestätische (55:27); Er ist der Besitzer von Hoheit, Gunst, Ehre und Großherzigkeit. Er ist derjenige, der die Gaben erschafft und unter den Menschen verteilt.
al-Karim:	Der Großherzige (82:6); Seine Großherzigkeit ist unendlich. Dem Menschen schenkt er Seine Gnade, ohne dafür etwas zu verlangen.
al-Qayyum:	Der Beständige; der Ewige (2:255); Er hält das ganze Universum von seinen Ursprüngen bis zum Ende der Zeit in Gang.
al-Wâhid:	Der Eine; hinsichtlich Seines Wesens, Seiner Attribute und Seiner Urteile hat er keine Partner neben sich (2:163).

In einem Hadith (siehe Kap. 12.2.) heißt es: *Allah, der Erhabene, hat 99 schöne Namen. Wer mit diesen Seiner gedenkt, geht ins Paradies ein.* (Sammlungen Bukhari, Muslim)

Gottes Beziehungen zu Seinen Geschöpfen sind vor allem von zwei Haupteigenschaften bestimmt: der Barmherzigkeit, zu der Er sich als der Allmächtige Gott laut Koran selbst verpflichtet hat: *Verschrieben hat Er Sich der Barmherzigkeit* (6:12) und der daraus resultierenden Gerechtigkeit.

Die gesamte Schöpfung - also der Mensch und die ihn umgebende Welt - gilt als Zeichen Gottes. Im Koran heißt es: *Nichts ist Ihm gleich* (42:11). Er ist nicht Körper und nicht Geist, weder räumlich noch zeitlich, weder sichtbar noch in Abbildungen erfassbar. Jedoch ist er überall präsent. Er ist uns näher, *als unsere Halsschlagader* (50:16).

Gott ist im Herzen des Gläubigen zu finden (Hadith *qudsi* - siehe Kap. 12.2.). Die künstlerische Vollkommenheit, die im ganzen Universum zum Ausdruck kommt, kündet von den 99 Namen Gottes. Jeder einzelne Name, der sich in den unterschiedlichen Denkmälern des kunstvollen Schöpferwerkes manifestiert, beleuchtet den Weg der Menschen und führt sie dahin, die Attribute dieses Existierenden, dieses Einen Schöpfers zu erkennen. Die Namen stimulieren und erwecken unsere Herzen durch Zeichen und Botschaften des verborgenen, gegenwärtigen Schöpfers, die unseren Sinnen zugeführt werden.

In folgenden Bereichen kommt man Gott näher und nimmt sein Wirken und Seinen Willen wahr:

1) In den Gesetzen Gottes - in der schöpferischen Ordnung in der Natur,
2) im Koran und in anderen Offenbarungen,
3) durch den Propheten Muhammed und
4) durch das menschliche Gewissen.

Der islamischen Theologie zufolge, wirkt in allem, was in der Natur passiert, die Inspiration Gottes. Tiere und Pflanzen, Atome und Sonnensysteme - alles richtet sich nach dem Willen Gottes. Auf diese Weise hat Gott im ganzen Kosmos ein ökologisches Gleichgewicht geschaffen, in das alle Geschöpfe integriert sind.

Das freiwillige Ausgerichtetsein auf Gott manifestiert sich im Glauben und Handeln. In diesem Sinne umfasst der Islam keineswegs nur rituelle Handlungen Gott gegenüber, sondern das gesamte menschliche Leben. Islam bedeutet also die unmittelbare Beziehung des Menschen zum Einzigen Gott. Diese Überzeugung bildet die Grundlage für eine positive und respektvolle Haltung des Islam gegenüber den sogenannten "Schriftbesitzern", den Juden und Christen, deren Vorbilder Abraham, Moses und Jesus ursprünglich alle Verkünder eines Monotheismus waren. Der Islam, demzufolge der Mensch mit der naturgegebenen Anlage, auf Gott ausgerichtet zu sein, geboren wird, lehnt eine Erbsünde des Menschen ab. Die islamische Mensch-Gott-Beziehung ist bestimmt von Reue und Vergebung wie auch von Hoffnung und Vertrauen auf die göttliche Güte und Barmherzigkeit.

2.2 Prophetenschaft

Die Vorstellung, die der Muslim von Gott hat, wurde bereits oben zusammenfassend beschrieben. Die Grundlagen der Prophetenschaft, die allen Propheten gemeinsam sind, sind nach Meinung islamischer Theologen die folgenden:

1. Ehrlichkeit
2. Vertrauenswürdigkeit
3. Übermittlung von Gottes Anweisungen
4. Intelligenz
5. Sündlosigkeit und
6. Freisein von allen körperlichen und mentalen Mängeln

Die Prophetenschaft ist dem Islam zufolge der höchste Rang, die höchste Ehre, die es gibt. Sie beweist die Überlegenheit des inneren Wesens eines Menschen im Vergleich zu anderen Menschen. Ein Prophet besitzt nicht nur das, was wir einen außergewöhnlichen Intellekt nennen, der in die Realität von Dingen und Geschehnissen eindringt, wie es z. B. bei Genies der Fall ist. Er ist auch ein Wesen, das auf die Inspiration Gottes für die Lösungen der ihm vorliegenden Probleme wartet und das als das Bindeglied zwischen den Dingen und Lebewesen hier und im Jenseits angesehen wird. Ein Prophet ist ein ganz normaler Mensch, der aber ein besonderes Verhältnis zu Gott hat und dessen Gedanken und dessen Handeln von Gott inspiriert sind.

Zusätzlich zur Übermittlung der Botschaft Gottes haben die Propheten dem Menschen auch ein gewisses Maß an Wissen über Gott und Seine Namen und Attribute gebracht. Ihre erste Aufgabe bestand darin, die Realität dieses Lebens, seinen wahren Zweck und seine Bedeutung zu lehren. Da Gott jenseits jeder menschlichen Wahrnehmung und jedes Verständnisses steht, fiel es den Propheten zu, solange sie ihre Aufgabe wahrnahmen, die gehorsamsten, sorgfältigsten, bewusstesten und selbstbeherrschtesten Menschen zu sein. Wenn es durch die Propheten keine klaren Aussagen über den Schöpfer, den Allmächtigen, Allwissenden, der die ganze Schöpfung vom kleinsten Atom bis hin zum größten Sternennebel beherrscht, aufrechterhält und liebevoll für sie sorgt, gegeben hätte, dann wäre es für den Menschen niemals möglich gewesen, über Gott richtig und angemessen zu denken oder zu sprechen.

Vom ersten Menschen, dem Propheten Adam, bis zum letzten Propheten Muhammed wurden einer Überlieferung zufolge 124 000, nach anderen Aussagen 224 000 Propheten herabgesandt. Nur 28 von ihnen sind im Koran namentlich erwähnt (in Klammern die im Deutschen gebräuchlichen Namen):

1) Adem (Adam)
2) Idris (Henoch)
3) Nuh (Noah)
4) Hud (Heber)

5) Salih (Methusalem)
6) Ibrahim (Abraham)
7) Lut (Lot)
8) Ismail (Ismael)
9) Ishak (Isaak)
10) Yaqub (Jakob)
11) Yusuf (Josef)
12) Schuaib (Jethro)
13) Harun (Aaron)
14) Musa (Moses)
15) Davud (David)
16) Suleiman (Salomon)
17) Ayyub (Hiob)
18) Yunus (Jonas)
19) Ilyas (Elias)
20) Elyasa (Elisa)
21) Dhul-Kifl (Jesaja)
22) Zakariyya (Zacharias)
23) Yahya (Johannes)
24) Isa (Jesus)
25) Uzair*
26) Luqman*
27) Dhul-Qarnain*
28) Muhammed

* Ob diese Gesandte Gottes oder "nur" sehr rechtschaffene Menschen sind, ist umstritten.

An dieser Stelle sollen die sechs großen Propheten stellvertretend für alle anderen vorgestellt werden:

Der Prophet Adam
Adam war der erste Mensch und gleichzeitig auch der erste Prophet. Er wurde im Paradies erschaffen. Gott formte den Körper Adams aus Erde, die aus allen Kontinenten der Welt zusammengetragen wurde. Er hauchte seinem Leib eine Seele ein und ernannte ihn zu Seinem Statthalter auf Erden, indem Er ihm Seine Namen lehrte. Eva erschuf

Er als Frau Adams. Auf Befehl Gottes hin warfen sich alle Engel und Dschinn vor Adam nieder. Der Teufel aber weigerte sich. Nachdem Adam und Eva jedoch von den Einflüsterungen des Teufels beeinflusst eine verbotene Frucht gegessen hatten, wurden sie auf die Erde herabgesandt. Daraufhin bereuten sie ihre Tat zutiefst. Gott nahm ihre Reue an und machte Adam zum ersten Propheten seiner zahlreichen Nachkommen. Er übergab ihm eine zehn Seiten lange Offenbarungsschrift. (siehe Koran, 2:30-37)

Der Prophet Noah

Der Koran berichtet davon, dass der Prophet Noah die Sintflut überlebte (Suren 11 und 71). Gott hatte dem Volk Noahs, das sich versündigt hatte, diese Sintflut als eine Strafe geschickt, da es seine Warnungen ignoriert hatte. Nur die Gläubigen und je ein Paar jeder Tiergattung wurden durch die von Noah gebaute Arche vor dem Ertrinken errettet.

Der Prophet Abraham

Abraham (arab.: Ibrahim) ist der Vater der Propheten Ishak und Ismail. Ihm wurde ein Buch mit 20 Seiten geoffenbart. Er war auch der Urvater des Propheten Muhammed. Abraham soll in Urfa, einer Stadt in Südanatolien, geboren sein. Er wurde zum Volk von Babel geschickt, das eine Religion namens Saibe entwickelt hatte, in der Sonne, Sterne und Götzen angebetet wurden. Als er diesem Volk die wahre Religion Gottes verkündete, warfen sie ihn in ein Feuer, das auf Befehl Gottes in einen Rosengarten verwandelt wurde, was Abraham das Leben rettete. Mit seinem Sohn Ismail baute er das Heiligtum der Ka`ba wieder auf, in deren unmittelbarer Nähe auch heute noch der Fußabdrucks Abrahams gezeigt wird (*Maqâm Ibrâhim*). Sein Grab befindet sich in Khalilur-Rahman (Hebron) in Palästina. Die 14. Sure des Koran trägt den Namen "Ibrahim".

Der Prophet Moses

Der Prophet Moses wird im Koran u.a. in den Suren *an-Naml* und *al-Qasas* erwähnt. Er war ein Sohn Imrans aus dem Volk Israil. Er wurde in Ägypten geboren, wo zu jener Zeit die zwölf Stämme der Israeliten einen großen Bevölkerungsanteil stellten. Da die herrschenden Ägypter ihre zahlenmäßige Übermacht fürchteten, tyrannisierten sie sie. Der Pharao befahl, alle männlichen Säuglinge der Israeliten zu töten. Moses wurde als Baby von der Frau des Pharaos, Asiya, am Flussufer des Nils gefunden und im Palast des Pharao aufgezogen.

Auf dem Berge Tur erhielt Moses später eine Offenbarungsschrift (die Thora) und wurde zum Propheten ernannt. Da er dabei mit Gott gesprochen hatte, bekam er den Beinamen "Kâlimullâh" (der mit Gott gesprochen hat). Moses und sein Bruder Harun (Aaron) forderten den Pharao auf, der Religion Gottes beizutreten. Zur damaligen Zeit gab es in Ägypten viele Zauberer, gegen die Moses mit nichts als einem Stock als Waffe antrat und sie besiegte. Mit den Israeliten überquerte er auf wunderbare Weise das Rote Meer und gelangte in die Tihana-Wüste.

Der Prophet Jesus

Der Prophet Jesus (Isa), Sohn der Jungfrau Maria, wurde auch "Ruhullâh" (Geist Allahs) genannt. Die Juden konnten nicht akzeptieren, dass Jesus von einer Jungfrau geboren worden war, und wollten seine Mutter deshalb bestrafen. Jesus aber rettete sie, indem er schon in der Wiege zu sprechen begann. Er war ein Gesandter Gottes, der im Alter von 30 Jahren eine Offenbarungsschrift erhielt. Im Koran wird er u.a. auch "Masih" (Messias)" (3:40), "Kalimatu-llah (das Wort Gottes)" (4:169) genannt. Er lud die Juden ein, dem rechten Weg zu folgen, und wirkte zahlreiche Wunder. Trotzdem gab es nur wenige, die an ihn glaubten; diese nannten sich "Hawari" (Jünger). Die Juden planten, ihn zu töten; im Koran wird jedoch unmissverständlich darauf hingewiesen, dass Jesus nicht gekreuzigt wurde (4:155-156). Stattdessen wurde er von Gott in den Himmel erhoben. Auch wird im Koran deutlich betont, dass Jesus nicht der Sohn Gottes ist (19:35). Der Islam ist eine rein monotheistische Religion, und Allah ist weder gezeugt worden noch hat Er Selbst gezeugt. Jesus hat auch auf das Kommen des Gesandten Muhammed hingewiesen (61:6).

Der Prophet Muhammed

(siehe Kapitel 14.2.)

2.3. Offenbarungsschriften

Der Muslim glaubt an die vier Offenbarungsbücher:

1) an die Thora (Taurât), die dem Propheten Moses gesandt wurde,
2) an die Psalter (Sabur), die dem Propheten David gesandt wurden,
3) an das Evangelium (Indschil), das dem Propheten Jesus gesandt wurde und
4) an den Koran (Qur'ân), der dem Propheten Muhammed gesandt wurde.

2.4. Engel

Engel sind aus dem Licht Gottes erschaffene geistige Wesen, die jede beliebige Gestalt anzunehmen vermögen, wobei es keine weiblichen oder männlichen Engel gibt. Engel widmen sich dem Lob und dem Dienst an Gott. Engel tun genau das, womit Gott sie beauftragt. Auf Sein Geheiß hin wachen sie über die Menschen, halten ihre Werke schriftlich fest und gewähren ihnen sogar Schutz. Wie viele Engel es gibt, weiß Gott allein; mindestens vier kennen wir jedoch namentlich.

Die vier großen Engel und ihre Aufgaben sind:

1) Gabriel: Er überbringt dem Propheten die Offenbarungen Gottes.

2) Michael: Er hat die Aufgabe, bestimmte Naturereignisse auszulösen, uns Regen, Sturm usw. zu schicken.

3) Raphael: Er ist damit beauftragt, am Jüngsten Tag die Posaune zu blasen, die die Menschen zur Wiederauferstehung ruft.

4) Azrail: Der Todesengel nimmt die Seelen der gestorbenen Menschen in Empfang.

2.5. Auferstehung

Zu den grundlegenden Überzeugungen des Islam gehört der Glaube an den Jüngsten Tag, den Tag des Gerichtes und der Aussonderung. Der Jüngste Tag ist der letzte Tag, den die Menschheit im Diesseits erleben wird, das Ende der Zeit und gleichzeitig der Beginn dessen, was aus islamischer Sicht mit dem Wort "Ewigkeit" bezeichnet wird. An jenem Tag werden alle Menschen, die jemals gelebt haben, zu neuem Leben erweckt und für alles, was sie im diesseitigen Leben getan oder unterlassen haben, zur Rechenschaft gezogen (vgl. 21:47). An jenem Tag wird eine Posaune geblasen, die den Menschen das Zeichen gibt, sich zu versammeln. Mit wenigen Ausnahmen wird keine Fürsprache zugelassen werden (20:103-124).

2.5.1. Tod und Jenseits

Das Leben jedes Lebewesens in der diesseitigen Welt unseres Universums endet mit dem Tod. Im Koran heißt es: *Wir gewährten keinem Menschenwesen vor dir das ewige Leben... Jede Seele wird den Tod kosten.* (21:34-35) Der Tod ist aber kein endgültiges Ende, sondern eine Übergangsstation, ein "Warteraum" für die Welt des Jenseits.

Alle Gläubigen werden ins Paradies eingehen; so zum Beispiel alle Menschen, die fest im Glauben an Gott verwurzelt sind und alle großen Sünden meiden. In diesem Zusammenhang spricht man von zweierlei Arten von Glauben:

1) vom so genannten Nachahmungsglauben (der traditionelle Glaube von Muslimen, die das, was sie zum Beispiel von ihren Eltern oder in der Schule gehört haben, kritiklos glauben und übernehmen) und
2) vom Enthüllungsglauben. Wer sich dem Licht Gottes gegenüber öffnet, wer sich Gott mit seinem ganzen wahren Sein enthüllt, wer glaubt, dass alles zu Gott zurückkehrt und bei ihm endet, da es im Kosmos nur Gott, Seine Eigenschaften und Seine Werke gibt, wer Gott dient, als sähe er Ihn mit eigenen Augen, der besitzt einen wahren

(Enthüllungs-)glauben. Zu den wahren Gläubigen gehören die Gott nahe Stehenden, die das Wohlgefallen Gottes erlangt haben und deshalb auf die höchste Ebene des Paradieses aufsteigen werden.

Gott Selbst ist ein verzeihender Gott. Er möchte die Menschen im Paradies begrüßen und hat die Hölle vor allem zur Warnung der Menschen erschaffen. Denjenigen, die Sünden begehen, kann Gott vergeben, wenn sie eine aufrichtige Umkehr vollziehen. Denn, so der Prophet, *"wer von der Sünde umkehrt, ist wie einer, der keine Sünde hat"*.

Wer aber den Glauben verleugnet und sich von ihm abkehrt, Menschen, die ganz auf das Diesseits eingestellt sind und nicht an Gott, Seine Gesandten und Seine Bücher glauben - sie alle werden nicht ins Paradies gelangen. Diese Menschen dürfen nicht auf das Erbarmen Gottes hoffen.

> *Wer von den Menschen wird am Tag der Auferstehung am ehesten das Glück haben, deine Fürsprache zu erfahren? Er sagte: ...unter den Menschen wird am Tag der Auferstehung der am ehesten das Glück haben, meine Fürsprache zu erfahren, der sagt: Es gibt keine Gottheit außer Gott, wobei er aufrichtig in seinem Herzen ist.* (Sammlung Bukhari)

> *Soll ich euch mitteilen, wer die Leute des Paradieses sind? Das ist jeder Schwache, Unterdrückte; würde er aber beim Namen Gottes schwören, Gott würde ihn rechtfertigen. Soll ich euch mitteilen, wer die Leute des Feuers sind? Das ist jeder Hochmütige, der einen schlechten Charakter hat und das Gute verwehrt.* (Sammlungen Bukhari, Muslim, Tirmidhi)

> *Der Letzte, der aus dem Höllenfeuer herauskommt, erhält zehnmal so viel wie das ganze Diesseits.* (Sammlung Muslim)

Der Islam legt auf die Beachtung der Rechte der Mitmenschen großen

Wert. Argwohn, Spionieren, üble Nachrede und Verleumdung z. B. verletzen die Rechte der Mitmenschen (49:12). Rechte dieser Art beziehen sich sowohl auf den materiellen als auch auf den seelischen Bereich. Man darf daher die Rechte seiner Mitmenschen nicht verletzen. Wer gegen dieses Gebot verstößt, wird dafür im Jenseits zur Rechenschaft gezogen. Daher sollte jeder Mensch darauf achten, mit seinen Mitmenschen im Reinen zu sein. Ein Muslim bittet zum Beispiel einen Mitmenschen: "Entlaste mich von all deinen Ansprüchen" oder "Vergib mir, wenn ich dir etwas Böses getan habe", d. h. mache mir vor dem Jüngsten Gericht keine Vorwürfe.

Die Anerkennung anderer Götter neben dem Einen Gott (die Beigesellung) ist eine große Sünde, die vor Gott keine Vergebung findet. Im Koran heißt es:

> *Und als Luqman zu seinem Sohn sagte, indem er ihn ermahnte: "O mein lieber Sohn, geselle Gott nichts bei. Die Beigesellung ist ein gewaltiges Unrecht."* (31:13)

Einige Sünden der Menschen werden bereits durch ihr Leiden in dieser Welt, andere im Grabe oder am Tag der Abrechnung, am Jüngsten Tag, vergeben.

Wer jedoch Gott erkennt und Ihm nahe steht, diejenigen Menschen also, die einen Enthüllungsglauben besitzen, die ihr Leben dem Anliegen widmen, das Antlitz Gottes, des Großmütigen zu schauen, werden ins Paradies eingehen. Ihnen wird die höchste Seligkeit und die äußerste Wonne verheißen.

2.5.2. Wichtig sind vor allem gute Vorsätze

Bei der Beurteilung der Menschen am Jüngsten Tag, werden die guten Taten besonders belohnt. Aber auch schon ein guter Vorsatz findet die Anerkennung Gottes. Dazu ein Hadith:

> *In alter Zeit lebte einmal ein Mann, der neunundneunzig*

Menschen umgebracht hatte. Nachdem er beim gelehrtesten Mann des Landes angefragt hatte und an einen Mönch verwiesen worden war, ging er zu diesem und sagte: "Er hat (ich habe) neunundneunzig Menschen umgebracht. Gibt es für ihn eine Umkehr?" Der Mönch sagte: "Nein!" Darauf tötete er den Mönch und brachte es so zu einem vollen Hundert. Daraufhin fragte er diesen Gelehrten erneut um Rat und wurde an einen anderen Gelehrten verwiesen. Zu diesem sagte er: "Er hat hundert Menschen umgebracht. Gibt es für ihn eine Umkehr?" Er antwortete: "Ja! Wer kann ihm denn die Umkehr verbieten? Geh in das und das Land. Dort leben Menschen, die Gott verehren. Verehre Ihn mit ihnen und kehre nicht in dein Land zurück, denn es ist ein böses Land!" Dann ging er fort. Doch als er den Weg zur Hälfte hinter sich hatte, kam der Tod zu ihm. Da stritten die Engel der Barmherzigkeit und die Engel der Strafe miteinander über ihn. Die Engel der Barmherzigkeit sagten: "Er hat überhaupt nichts Gutes getan!" Nun kam ein Engel in Menschengestalt zu ihnen. Diesen machten sie zum Schiedsrichter. Er sagte: "Messt die Strecke zwischen den beiden Ländern! Welchem von beiden er am nächsten ist, zu dem gehört er." Da stellten sie fest, dass er dem Land, auf das er zuging, näher war. Daraufhin nahmen ihn die Engel der Barmherzigkeit fort. (Sammlungen Bukhari und Muslim)

Man sollte sich also zum Ziel setzen, im Leben immer mehr gute Taten als schlechte vollbracht zu haben, und sei es nur um das Gewicht eines Stäubchens. Jemand, der umkehrt, sollte also so viel Gutes wie möglich tun.

2.5.3. Bestrafung im Jenseits

Was erwartet diejenigen nach dem Tode, die nicht glauben und wegen ihrer Sünden bestraft werden?

Am Tag der Abrechnung, dem Jüngsten Tag, werden sie vor vielen

Zeugen bloßgestellt und zur Rechenschaft gezogen. Hier trennen sich dann die Wege der Gläubigen, die das Wohlgefallen Gottes erlangt haben, von denen der anderen Menschen. Letztere werden beim Überqueren der Brücke Sirat (der Brücke, die den geraden Weg ins Paradies weist) ins Höllenfeuer gestoßen. Denn weil diese Brücke schmaler als ein Haar und schärfer als ein Schwert ist, kann sie nur mit der Hilfe Gottes überquert werden.

Wie man sich vor der Bestrafung im Jenseits schützt, verrät uns der berühmte islamische Gelehrte Ghazali in seinem Werk "Wiederbelebung der religiösen Wissenschaften": "Befasse dich damit, dich auf das Ende vorzubereiten! Gedenke immerfort Gottes, bewahre deine Glieder davor, Sünden zu begehen, und dein Herz davor, an sie zu denken! Hüte dich, so gut du nur kannst, auf die Sünden und auf die Sünder zu schauen! Denn auch das wirkt auf dein Herz ein und lenkt dein Denken und deine Einfälle zu sich hin. Doch hüte dich aufzuschieben und zu sagen: Ich werde mich für das Ende bereitmachen, wenn es kommt. Denn jeder deiner Atemzüge ist dein Ende, da bei jedem dein Geist hinweg gerafft werden kann. Überwache darum dein Herz in jedem Augenblick und hüte dich, es auch nur einen Moment zu vernachlässigen. Dieser Moment könnte ja dein Ende sein."

2.5.4. Die Barmherzigkeit Gottes

Die Belohnung im Jenseits kann man nur durch die Barmherzigkeit Gottes und dadurch erlangen, dass man sich von Gott auf den rechten Weg führen lässt (Rechtleitung). Dazu muss man unbedingt das Wohlgefallen Gottes gewinnen.

Der Prophet sprach: *"Keiner kommt ins Paradies, es sei denn durch Gottes Barmherzigkeit."*, also durch Seine Rechtleitung. Man fragte ihn: *"Auch du nicht, Gesandter Gottes?"* Er antwortete: *"Auch ich nicht."* (Sammlungen Bukhari, Muslim)

Gott besitzt hundert Barmherzigkeiten. Neunundneunzig davon hat er bei sich aufbewahrt, während er davon nur eine einzige Barmherzigkeit im Diesseits sichtbar werden lässt. Durch diese eine sind die Geschöpfe einander barmherzig, sodass die Mutter sich zärtlich liebend ihrem Kind zuneigt und das Vieh einem Jungen zugetan ist. Am Auferstehungstag wird Gott diese Barmherzigkeit mit den neunundneunzig vereinigen und sie dann alle über seine gesamte Schöpfung ausbreiten. Unter ihnen erfüllt jede Barmherzigkeit die Himmel und die Erde.
(Sammlungen Bukhari, Muslim)

Die Mittel zur Rechtleitung sind die Heiligen Bücher, die Gesandten und die Schärfe des Verstandes. Diese wurden den Menschen zur Verfügung gestellt, und nur der Neid, der Stolz, die Liebe zum Diesseits und die Dinge, die die Herzen blind machen, obgleich die Augen nicht blind sind (vgl. Koran, 22:46), halten sie davon fern.

Wer aufrichtig sagt: Es gibt keine Gottheit außer Allah, geht ins Paradies ein. Und wessen letztes Wort "Es gibt keine Gottheit außer Allah" ist, den berührt das Höllenfeuer nicht.
(Sammlung Abu Dawud)

Würde derjenige, der nicht glaubt, die Weite der Barmherzigkeit Gottes kennen, verlöre keiner die Hoffnung auf sein Paradies.
(Sammlung Muslim)

Wenn ihr nicht sündigen würdet, würde Gott Menschen, die sündigen, erschaffen und ihnen verzeihen. (Sammlung Muslim)

2.5.5. Warum es so wichtig ist, an die Wiederauferstehung zu glauben

Nach dem Glauben an Gott dient vor allem der Glaube an die Wiederauferstehung der Sicherung einer friedlichen sozialen Ordnung. Wer nicht daran glaubt, dass er eines Tages für das, was er in dieser Welt getan hat, zur Rechenschaft gezogen wird, wird sich wahrscheinlich auch nicht darum bemühen, ein ehrenhaftes, aufrechtes Leben zu führen. Wer jedoch stets in der Überzeugung handelt, dass er sich in der anderen Welt vor Gott für sein Leben verantworten muss, wird sich mit Sicherheit um eine disziplinierte und rechtschaffene Lebensweise bemühen (vgl. 10:61). An dieser Stelle ist jedoch zu betonen, dass man sich keinesfalls nur deshalb wohl verhalten sollte, weil man sich davon im Jenseits eine Belohnung verspricht.

> *Wer nun aber auch nur eines Stäubchens Gewicht Gutes tut, wird es sehen, und wer auch nur eines Stäubchens Gewicht Böses tut, wird es sehen.* (99:7-8)

Was auch immer wir tun - der Islam sagt, dass alles von den Engeln aufgezeichnet wird. *Und über euch sind wahrlich Hüter, edle Schreibende, die wissen, was ihr tut.* (82:11-12) Gott ist sich also in vollem Maße all unserer Taten, Absichten, Gedanken und Vorstellungen bewusst. Ein Individuum, dass dies verinnerlicht, wird in beiden Welten wahren Frieden und wahre Glückseligkeit finden.

Der Glaube an die Wiederauferstehung bewahrt junge Leute vor einem zu ausschweifenden Leben und ist alten Menschen, die sich dem Grab nähern, ein Quell der Hoffnung. Der Glaube an die Wiederauferstehung hilft uns darüber hinaus, den Tod von uns nahe stehenden Menschen zu ertragen. Ein Kind, das der Überzeugung ist, seine verstorbenen Angehörigen in einer anderen Welt wieder zu treffen, wird im Glauben an die Wiederauferstehung wahren Trost finden.

Kinder sind sehr sensibel und feinfühlig. Wenn ihnen und ihren Familien etwas zustößt, trifft sie das sehr hart. Wenn sie Familienangehörige verlieren, oder zu Waisen werden, wird sich ihre Welt verdunkeln und Kummer und Verzweiflung wird sie überkommen. Wenn ein Kind daran glaubt, dass seine Lieben im Paradies sind und dort auf es warten, wird es den Trost finden, der die Wunde der Trennung schließen kann.

Alte und kranke Menschen dagegen haben bereits viele Verluste erlitten. Sie wissen, dass sich ihr Leben dem Ende zuneigt. Das Leben hat ihnen nicht mehr viel zu bieten und die meisten empfinden dem Tod gegenüber Furcht. Nur wenn sie fest daran glauben, dass Tod und Grab nicht ihr Ende bedeuten, sondern im Gegenteil ein neuer Anfang sind - die Türen zu einer anderen, weitaus besseren Welt - werden sie ihrem Schicksal mutig entgegentreten.

In seinem unnachahmlichen Stil bringt der Koran auf den Punkt, was der Glaube alten Menschen zu bieten hat. Er lässt den Propheten Zacharias sprechen:

> *Das Erwähnen der Barmherzigkeit deines Herrn für Seinen Diener Zacharias. Als er seinen Herrn mit einem heimlichen Ruf anrief, sprach er: "Mein Herr, fürwahr, schwach ist das Gebein von mir geworden und weißlohend das Haupt. Und ich bin im Bittgebet zu Dir, mein Herr, nicht unglücklich gewesen.*
> (19:2-4)

Die Angst, das ganze Leben könnte umsonst gewesen sein, teilen im Prinzip alle Menschen mit dem Propheten Zacharias. Der Glaube an Gott und an die Wiederauferstehung vermittelt uns jedoch die gute Nachricht: Fürchtet euch nicht vor dem Tod, denn er ist kein ewiges Verlöschen. Ihr tretet lediglich von einer Welt in die andere über und werdet aus den belastenden Pflichten des weltlichen Lebens entlassen. Euch wird ein "Reisepass" für eine ewige Welt ausgestellt, in der alle möglichen Schönheiten und Gunstbeweise euch erwarten. Der Barmherzige, der euch in diese Welt sandte und euch in ihr über eine so lange Zeit hinweg am Leben erhielt, wird euch nicht in der Finsternis des Grabes und in den dunklen Korridoren warten lassen, die die Tore in die andere Welt bilden. Er wird euch in Seine Gegenwart holen und euch ein ewiges, immer glückliches Leben gewähren. Er wird euch mit den Wohltaten des Paradieses segnen. In dieser frohen Botschaft finden alte und kranke Menschen wahren Trost; mit ihr erwarten sie den Tod mit einem Lächeln.

Die Welt besteht aus Gegensätzen. Gutes und Böses, Richtiges und Falsches, Schönes und Hässliches, Unterdrücker und Unterdrückter - sie alle existieren nebeneinander. Der Mensch ist dazu aufgerufen, selbst Gerechtigkeit zu schaffen. Viele Fälle von Unrecht bleiben dennoch ungesühnt, zahllose ungerecht behandelte Menschen erhalten in dieser Welt kein Recht. Der Glaube an die Wiederauferstehung in einer anderen Welt, in der absolute Gerechtigkeit herrschen wird, tröstet die Unterprivilegierten. Nur dieser Glaube hält sie davon ab, sich an ihren Peinigern zu rächen. Andererseits finden auch Menschen, die von Schicksalsschlägen heimgesucht werden, im Glauben an die Wiederauferstehung Trost. Denn sie dürfen glauben, dass alle Schicksalsschläge, die sie einstecken mussten, zur Tilgung ihrer Sünden beitragen und dass ihnen alles Hab und Gut, das sie im Laufe ihres Lebens verloren haben, im Jenseits zurückgegeben wird, ganz als hätten sie es sich als Almosen selbst geschenkt.

Der Glaube an die Wiederauferstehung wird Häuser in Paradiesgärten verwandeln. In Häusern, in denen junge Leute ausschließlich ihren Vergnügungen nachgehen, in denen Kinder sich nicht mit religiösen Gefühlen und Praktiken auseinander setzen, in denen sich Eltern nur darum kümmern, egoistisch die eigenen Ziele zu verwirklichen und in denen die ältere Generation in Altersheime geschickt oder sich selbst überlassen wird, ist die Bürde des Lebens nur schwer zu ertragen. Der Glaube an die Wiederauferstehung erinnert jeden einzelnen Menschen an die Verantwortung, die er den anderen Familienmitgliedern gegenüber trägt.

Auch Eheleute werden eine intensivere Liebe und einen tieferen Respekt voreinander empfinden, wenn sie an die Wiederauferstehung glauben. Denn jede Liebe, die auf äußerer Schönheit basiert und auf ein kurzes, flüchtiges Leben in dieser Welt begrenzt ist, hat einen geringen Wert und endet oft schon nach kurzer Zeit. Wenn die Eheleute jedoch glauben, dass ihre Ehe in der anderen Welt, in der sie ewig jung sein und nicht an Schönheit einbüßen werden, für immer fortbestehen wird, dann wird ihre Liebe zueinander auch dann nicht schwinden, wenn die äußere Schönheit allmählich vergeht und der Alterungsprozess einsetzt.

Weil Gott aus Sich Selbst heraus existiert, weil Er ewig barmherzig, mitleidig und vergebend ist, ist Er auch für alle Zeiten mächtig, gerecht und würdevoll. Obwohl Seine Barmherzigkeit alle Dinge einschließt (siehe 7:156) und - wie in einem Hadith berichtet wird - Seinen Zorn übersteigt, gibt es Menschen, die so schwere Verbrechen und Sünden begehen, dass ihnen eine ewige Bestrafung zu Teil wird. Obwohl uns Gott versichert, dass jeder, der einen Menschen zu Unrecht tötet, so beurteilt wird, als habe er die ganze Menschheit getötet (siehe 5:32), werden fast täglich Tausende von unschuldigen Menschen getötet. Es gilt das "Recht des Stärkeren", und so werden immer wieder viele Menschen der grundlegenden Menschenrechte beraubt. Selbst die widerwärtigsten Sünden und Ungerechtigkeiten bleiben - was noch schlimmer ist - oft ungestraft. Der Tod macht keinen Unterschied zwischen Unterdrückten und Unterdrückern, zwischen Unschuldigen und Verbrechern, zwischen rechtschaffenen Menschen und Sündern. Während es in dieser Welt zumindest in einigen Ländern Gesetze und Gerichte gibt, die bestimmte Arten von Verbrechen ahnden, bleibt die Bestrafung schwerer Vergehen und Sünden (wie z. B. Unglaube oder Glaube an mehrere Götter) dem Tag des Jüngsten Gerichts vorbehalten.

Der Tod bereitet allem ein Ende und lässt alles verblassen, als habe es niemals existiert. Wenn es die Wiederauferstehung nicht gäbe, wäre dieses Leben auf ein bedeutungsloses Spielzeug reduziert, das Leiden und Schmerzen hinter sich zurückließe. In Wirklichkeit ist diese Welt jedoch eine Miniaturausgabe der anderen, ewigen Welt. Einige Dinge, die es dort gibt, sind hier bereits angedeutet. Die Wohltaten, die Gott in dieser Welt für uns bereithält, warten im Jenseits in vollendeter Form auf uns. Gott gewährt sie uns schon hier, um uns auf diese Weise dazu aufzufordern, sie uns zu verdienen. Im Koran heißt es:

Und verheiße denen, die glauben und gute Werke verrichten, dass Gärten für sie sind, durch die Flüsse eilen. Sooft ihnen von den Früchten daraus als Lebensunterhalt geschenkt wird, sprechen sie: "Das ist, was uns zuvor geschenkt wurde". Und Ähnliches wird ihnen gegeben. Und in ihnen sind für sie reine Partner. Und sie sind darin ewig Verweilende. (2:25)

Die Toten werden sowohl körperlich als auch geistig wieder erweckt werden. Dem jeweiligen Zusammenhang entsprechend erwähnt der Koran beide Formen. Zum Beispiel:

O du Seele in Ruhe! Kehre zurück zu deinem Herrn wohl zufrieden und wohl zufrieden stellend! So tritt ein unter Meine Diener und tritt ein in Mein Paradies! (89:27-30)

Dieser Vers berichtet von der Rückkehr der Seele zu ihrem Herrn. In vielen anderen relevanten Versen beschreibt der Koran jedoch die Wiederauferstehung und die Welt des Jenseits in materiellen und physischen Ausdrücken, die dem Muslim nahe legen, auch die körperliche Wiederauferstehung zu akzeptieren. An insgesamt einhundertzwanzig Stellen beschäftigt er sich mit der Beschreibung des Paradieses und der Hölle - detailliert oder auch in Kürze. Indem er das Paradies, die Hölle und die Taten von Menschen, die entweder dem Paradies oder der Hölle überantwortet werden, schildert, betont er die Einheit von Körper und Seele. So werden zum Beispiel die Gesichter der Paradiesbewohner vor Glück strahlen, denn sie werden alles, was sie sich erhoffen, dort vorfinden. Im Paradies werden wir mit unseren Liebsten wieder vereinigt werden, sofern auch jene sich das Paradies verdient haben. Prächtige Paläste mit Gärten voller Bäume, zwischen denen Flüsse aus Honig, reinem Wasser, purer Milch und anderen Getränken fließen, werden uns beherbergen. Wer dagegen aber in die Hölle kommt, wird tiefe Reue empfinden und die ganze Härte Gottes zu spüren bekommen.

Die Hölle wird im Koran in all ihren schrecklichen Details geschildert. So werden alle Menschen davor gewarnt, sich von Sünden fern zu halten. Die Beschreibung des Paradieses als einen Ort, an dem alle Hoffnungen des Menschen erfüllt werden, soll uns dagegen anspornen, Gutes zu tun und Gott zu dienen:

> *Das ist die Hölle, die die Übeltäter leugnen. Sie laufen zwischen ihr und einem siedend heißen Wasser hin und her. Welche der Wohltaten eures Herrn wollt ihr beide da leugnen? Und für den, der das Stehen vor seinem Herrn fürchtet, sind zwei Gärten. Welche der Wohltaten eures Herrn wollt ihr beide da leugnen?* (55:43-47)

2.6. Die Vorherbestimmung

Das arabische Wort "Qadar", das mit "Vorherbestimmung" übersetzt wird, bedeutet von seinem Wortstamm her "Festlegung", "ein bestimmtes Maß und eine bestimmte Form geben", "Teilen" und "Urteilen". Von islamischen Gelehrten wird es verwendet, um das "Maß Gottes" und die "Bestimmung und Beurteilung Gottes bei der Schöpfung" zu benennen.

Im Koran finden wir einige Verse, die uns genauere Informationen über den Begriff der Vorherbestimmung geben:

> *Und Er hat die Schlüssel des Unsichtbaren; niemand kennt sie außer Ihm. Er weiß, was zu Lande und zu Wasser ist, und es fällt kein einziges Blatt, ohne dass Er es kennt. Und kein Korn ist in den Finsternissen der Erde und nichts Frisches und nichts Verdorrtes - es sei denn in einem deutlichen Buch.* (6:59)

> *Und es gibt nichts an Verborgenem im Himmel und auf Erden - es sei denn in einem deutlichen Buch. (27:75)*

> *Wir fürwahr, Wir geben den Toten Leben und Wir schreiben auf, was sie vorausschickten, und ihre Spuren. Und ein jedes*

Ding haben Wir aufgelistet in einem deutlichen Verzeichnis. (36:12)

Und sie sagen: "Wann ist diese Verheißung, so ihr wahrhaftig seid?" Sprich: "Das Wissen ist nun aber bei Allah. Ich bin nun aber ein deutlicher Warner." (67:25-26)

Er ist vielmehr ein edler Koran auf einer wohl verwahrten Tafel. (85:21-22)

Vorherbestimmung bedeutet, dass Gott, der Allmächtige, der alles bis ins winzigste Detail kennt und Dessen Wissen den ganzen Raum und die ganze Zeit umfasst, während Er Selbst absolut jenseits der Zeit und des Raumes steht, alles mit Seinem Wissen ins Leben ruft und allem eine bestimmte Form, Lebensspanne und Funktion oder Aufgabe sowie gewisse Eigenheiten zuweist (Siehe 85:21; 6:38). Vorherbestimmung bedeutet weiterhin, dass Gott alles, was im Universum existiert, einem bestimmten Maß entsprechend und in genauer Ausgewogenheit und Harmonie erschafft hat (vgl. 13:8; 55:5-9). Gott besitzt ein vollständiges und exaktes Wissen über das Universum als Ganzes und über all dessen Einzelteile bis hin zu den winzigsten Partikeln. Das heißt, dass Gott schon jetzt weiß, was sich in selbst dem entlegensten Teil des Universums in ferner Zukunft einmal ereignen wird. Gott ist absolut gerecht und weise und auch absolut barmherzig und mitfühlend. Was auch immer Er tut, ist gut. Niemals behandelt Er eines Seiner Geschöpfe ungerecht.

Schon bevor ein Mensch zur Welt kommt, hat Gott seine Lebensgeschichte, die wir das Geschick oder das Schicksal nennen, fest geschrieben. Das Wissen Gottes und die Aufzeichnung all dessen, was der Mensch in seinem Leben einmal tun wird, zwingt den Menschen jedoch zu keiner Zeit eine bestimmte Handlung auf. Denn der Mensch ist das einzige Lebewesen im Universum, dem Gott einen freien Willen geschenkt hat. Der Mensch handelt daher so, wie er es für richtig hält, ohne dass Gott ihm Einhalt gebieten würde. Sein ganzes

Leben wird von zwei Engeln aufgezeichnet, die im Koran (82:11) *Kirâman Kâtibin* (edle Schreiber) genannt werden. Am Tage des Jüngsten Gerichts werden dann die Aufzeichnungen über das Leben des Menschen verlesen.

Während die Vorherbestimmung Gottes in den Bereichen, auf die der Mensch keinen Einfluss hat (wie zum Beispiel bei der Erschaffung und Überwachung aller Dinge und Lebewesen oder aller belebten und unbelebten Körper, bei der Bewegung der Planeten und bei allen Ereignissen und Phänomenen in der "Natur"), alle Geschehnisse und Abläufe von vornherein verbindlich festlegt, berücksichtigt sie in allen Bereichen, die den Menschen betreffen, dessen freien Willen. Doch auch hier erschafft Gott alle Dinge und Geschehnisse, d.h. die Resultate des menschlichen Handelns. Zunächst einmal wünscht Gott, dass Seine Diener Gutes wollen und tun. Trotzdem gibt er ihren schlechten Entscheidungen und Handlungen auch dann eine äußere, physische Existenz wenn er über ihre Entscheidungen verärgert ist.

Die Vernunft und weitere mentale Fähigkeiten, mit denen der Mensch ausgestattet ist, sprechen eindeutig dafür, dass der Mensch in seinen Entscheidungen und Handlungen frei ist. Auch die Realität gibt dieser Annahme Recht. Gäbe es keinen freien Willen, hätten weder die menschliche Vernunft noch andere Fähigkeiten einen Sinn. Menschen wählen zwischen vielen Alternativen, bevor sie etwas tun. Darüber hinaus sind sie frei, ihre Meinung zu ändern. Der freie Wille ist für den Menschen wie ein (unsichtbares) drittes Auge, das wir auch Einsicht nennen können. Er ist eine Vorliebe bzw. eine innere Kraft, mittels derer der Mensch Dinge anderen Dingen vorzieht und Entscheidungen trifft. Im Gegensatz zum Menschen verfügen Tiere nicht über Willenskraft. Sie handeln den Anweisungen (Eingebungen) Gottes gemäß, was die Wissenschaft mit dem Begriff "instinktiv" umschreibt.

Der Mensch will etwas und entschließt sich, in einer bestimmten Art und Weise zu handeln; Gott erschafft seine Handlungen und verleiht ihnen eine äußere Form. Er betrachtet den freien Willen des Menschen als einen Anlass, etwas zu erschaffen. Der freie Wille des Menschen ähnelt in gewisser Weise einem Plan, auf dessen Basis der Mensch entscheidet und handelt. Das Erschaffen durch Gott und das Handeln durch den Menschen unterscheiden sich jedoch grundsätzlich voneinander. Das Erschaffen durch Gott bedeutet, dass Gott den Entscheidungen und Handlungen in der physischen Welt eine tatsächliche Existenz verleiht. Würde Gott nicht dafür sorgen, dass etwas erschaffen wird, wäre der Mensch nicht in der Lage, überhaupt irgendetwas zu tun.

Der Mensch ist kein Opfer der Vorherbestimmung oder jemand, der durch das Schicksal ungerecht behandelt wird. Wie unbedeutend der freie Wille des Menschen auch erscheinen mag - und im Vergleich zu Gottes schöpferischen Akten ist er unbedeutend -, so ist er doch die Ursache seiner Handlungen. Die Vorherbestimmung Gottes beherrscht das gesamte Sein, einschließlich der menschlichen Sphäre, während der Mensch offensichtlich einen freien Willen besitzt, durch dessen Anwendung er sein Leben lenkt.

Wenn man im Voraus weiß, dass etwas ganz Bestimmtes zu einer ganz bestimmten Zeit in der Zukunft stattfinden wird, und genau so kommt es dann auch, dann heißt das noch lange nicht, dass man selbst dieses Ereignis ausgelöst hat. Weil Gott jede Sache und jedes Ereignis im Universum kennt, ist er sich auch all dessen bewusst, was irgendwann einmal geschehen wird. Es existiert auch nicht der geringste Unterschied zwischen dem, was Gott für einen Menschen aufgezeichnet hat, und dem, was jener Mensch dann tut. Die Handlungen des Menschen sind aber nicht auf die Tatsache zurückzuführen, dass Gott sie so vorausgesagt hat und den Menschen dazu zwingt, Seinen Wünschen entsprechend zu handeln, sondern darauf, dass der Mensch etwas bestimmtes tun wollte und dann tatsächlich getan hat. Der freie Wille des Menschen ist nichts, was von der Vorherbestimmung ausgeschlossen ist, sondern ist fester Bestandteil der Vorherbestimmung. Der Mensch will etwas tun, was in der Vorherbestimmung (im Voraus) aufgezeichnet wurde. Gott erlaubt ihm, dies zu tun und ruft es ins

Dasein. Gott erschafft unsere Taten und Handlungen, wir aber verlangen durch unseren freien Willen nach ihnen. Die Verantwortung für sie fällt in unseren Bereich. Deshalb klärt uns Gott darüber auf, welche Handlungen richtig und welche falsch sind. Aus diesem Grunde wurde uns auch ein Gewissen verliehen. Vorherbestimmung hat also auch mit Gewissen zu tun.

Auch der Koran äußert sich detailliert zur Beziehung zwischen Vorherbestimmung und freiem Willen des Menschen:

> *Er ist gewiss nur eine Ermahnung für die Welten, für diejenigen, die von euch geradlinig sein wollen. Und ihr wollt nicht, es sei denn, dass Allah, der Herr der Welten, will.* (81:27-29)

Dieser Vers bescheinigt Gott, dem Allmächtigen, einen absoluten Willen, während er dem Menschen eine Willenskraft zuspricht, mittels derer er sein Leben lenkt und plant. In einem weiteren Vers erklärt der Koran:

> *Und Allah hat euch erschaffen und das, was ihr tut.* (37:96)

Hier wird betont, dass es ausschließlich Gott zusteht, zu erschaffen. In anderen Versen spricht der Koran von einem Vertrag oder einem Bund zwischen Gott und dem Menschen und erklärt ganz offen, dass es der Mensch selbst ist, der die Geschichte lenkt:

> *...und haltet Meinen Bund, so halte Ich euren Bund...* (2:40)

> *O ihr, die ihr glaubt, wenn ihr Allah helft, hilft Er euch und festigt eure Schritte!* (47:7)

> *...Fürwahr, Allah ändert nicht die Lage eines Volkes, ehe es sie nicht selbst ändert...* (13:11)

> *Allah löscht aus, was Er will, und Er bestätigt. Und bei Ihm ist die Urfassung der Offenbarungsschrift.* (13:39)

3. Die Bewertung der Handlungen von Muslimen

Der Islam wendet sich an alle Muslime, die im Vollbesitz ihrer geistigen Kräfte stehen, die über einen gesunden Menschenverstand verfügen und das Alter der Pubertät erreicht haben. Ihnen allen werden bestimmte Pflichten auferlegt. Diese Pflichten bestehen aus Handlungen, die unterschiedlich bewertet werden.

Die menschlichen Handlungen lassen sich also unterschiedlichen Kategorien zuordnen:

1. *Fard* (Pflicht): Hierunter sind diejenigen Handlungen zu verstehen, die explizit im Koran erwähnt werden und deren Verrichtung für einen Muslim unerlässlich sind. Es gibt zwei Arten von *fard:* a) *fardul-ain* (individuelle Pflicht): Alle Handlungen, die der Muslim selbst zu erfüllen hat, z. B. das fünfmalige rituelle Pflichtgebet, das Fasten im Ramadan usw. b) *fardul-kifâya (*kollektive Pflicht): Handlungen, deren Vollziehung durch einen Teil der Muslime die gesamte Gemeinschaft entlastet, wie zum Beispiel das Totengebet. Wenn einem Muslim das Totengebet verwehrt wird, so nimmt dadurch die Gesamtheit der Muslime Schaden.

2. *Wâdschib* (Erfordernis): Eine Handlung, die rituell vorgeschrieben ist, wie z.B. das *witr*-Gebet nach dem Nachtgebet.

3. *Sunna*: Worte und Handlungen des Propheten Muhammed. Es gibt zwei Arten von Sunna: a) *sunnât muakkada:* ständige Gewohnheiten des Propheten, die er nur ganz selten unterlassen hat, z. B. Teile des Morgengebetes und des Mittagsgebetes und b) *sunnât ghair muakkada:* gelegentlich ausgeübte Gewohnheiten des Propheten, z. B. Teile des Nachmittagsgebetes und des Nachtgebetes.

4. ***Mustahab*:** kanonisch empfohlene, aber nicht vorgeschriebene Handlungen; zu bestimmten Zeiten vollzogene Handlungen des Propheten Muhammed, wie z. B. das Spenden von Almosen, das zusätzliche Fasten.

5. ***Mubâh*:** wünschenswerte Handlungen, deren Vollzug ein Verdienst, deren Unterlassung aber keine Sünde ist, wie z. B. essen, trinken usw..

6. ***Makruh*:** verpönte, verabscheuungswürdige Handlungen. Manche Rechtsgelehrte sind der Auffassung, dass das Verpönte dem Erlaubten nahe steht; andere wiederum meinen, dass das Verpönte eher dem Verbotenen zuzuordnen ist. So soll man z. B. bei der rituellen Waschung nicht überflüssig Wasser verschwenden.

7. ***Mufsid*:** alles, was eine einmal begonnene gottesdienstliche Handlung ungültig macht (Lachen während des Gebetes oder Essen und Trinken während des Fastens).

8. ***Harâm*:** Handlungen, die verboten sind; mit *harâm* wird alles bezeichnet, was von Gott streng und eindeutig verboten wird. Hierzu gehören: Diebstahl, Ungehorsam gegenüber den Eltern, Angriffe auf das Leben, die Ehre und das Eigentum anderer, Lügen, Betrug, Glücksspiel, Genuss von Schweinefleisch, Blut, Alkohol usw..

4. Säulen des Islam

Wer sich zum Islam bekennt, ist ein Muslim. Er verwirklicht die fünf Säulen des Islam:

1. Die Glaubensbezeugung,
2. das fünfmal täglich zu verrichtende rituelle Pflichtgebet,
3. die Sozialabgabe (Pflichtabgabe),
4. das Fasten im Monat Ramadan und
5. die Pilgerfahrt nach Mekka.

4.1. Die Glaubensbezeugung

Die Glaubensbezeugung, "das Wort der Bezeugung", als die Grundlage des Islam lautet: *Ich bezeuge, dass es keine Gottheit außer Allah gibt, und ich bezeuge, dass Muhammed Allahs Diener und Gesandter ist.* Diese Formel ist für alle Muslime bindend.

4.2. Das Pflichtgebet

Der Muslim ist an ein rituell genau vorgeschriebenes, täglich fünfmal zu verrichtendes Pflichtgebet gebunden. Das Gebet hat dem Propheten Muhammed zufolge für den Menschen den gleichen Wert wie für ihn selbst seine Nachtreise, die ihn in die unmittelbare Gegenwart Gottes führte. (Diese Nachtreise des Propheten hat in der Nacht zum 27. Tag des Mondmonats Radschab stattgefunden. Der Prophet reiste damals innerhalb einer Nacht von Mekka nach Jerusalem und von dort in den Himmel, wo er Gott schauen durfte. Dies ist die höchste Ehre, die einem Menschen zu Teil werden kann.)

Jedes einzelne Gebet steht für die Verehrung und den Lobpreisung Gottes und für die Dankbarkeit, die man Ihm gegenüber empfindet. Das heißt, Er ist erstens dadurch zu verherrlichen, dass der Ausdruck *Subhânallâh* (Allah sei gepriesen!) im Bewusstsein der Erhabenheit Gottes durch Worte und Handlungen artikuliert wird. Er soll zweitens dadurch gepriesen und gerühmt werden, dass der Ausdruck *Allâhu akbar* (Allah ist der Größte!) durch Worte und Handlungen im Bewusstsein Seiner Vollkommenheit ausgesprochen wird. Und drittens wird Ihm durch den Gebrauch des Ausdrucks *al-Hamdu lillâh* (Der Lobpreis gebührt Allah!) im Bewusstsein Seiner Gnade mit Herz, Zunge und dem ganzen Körper Dank entgegengebracht. Daraus schließen wir, dass Verehrung, Lobpreis und Danksagung das Herz des Gebetes bilden. Aus diesem Grund kommen diese drei Ausdrücke in allen Teilen des Gebetes wie auch in allen dazu gehörigen Bewegungen und Worten vor.

Darüber hinaus werden diese drei heiligen Sätze nach jedem Gebet jeweils dreiunddreißig mal wiederholt, um die Ziele des Gebetes zu bestätigen und zu vervollständigen; die Bedeutung des Gebetes wird also durch diese drei knappen Äußerungen gut zum Ausdruck gebracht. Warum genau dreiunddreißigmal? Diese Zahl soll für Gott einen besonderen Stellenwert haben. 3x33=99, entspricht auch der Anzahl der Namen Gottes. Selbst wenn ein Gebet nicht mit der nötigen Hingabe ausgeführt wurde, wird es durch diese drei wiederholten Formeln vervollständigt und gewinnt an Wert. Die Rezitation geht auf den Propheten Muhammed zurück. Sie ist eine Empfehlung, aber keine Pflicht.

> *Das Gebet in der Gemeinschaft ist besser als das Gebet des Einzelnen, und zwar siebenundzwanzigmal (besser).*
> (Sammlungen Bukhari, Muslim)

Einem Hadith zufolge ist das Pflichtgebet die "Säule der Religion".

Für die Verrichtung des Pflichtgebetes sind insgesamt sechs Punkte von Bedeutung:

1) Beachtung der Gebetszeiten
2) Beseitigung der rituellen Unreinheit
3) Beseitigung von rituell unreinen Substanzen an Körper, Gebetsplatz, Kleidung usw.
4) Bedeckung der intimen Körperstellen
5) Beachtung der Gebetsrichtung
6) Absicht zu beten

zu 1) Der Koran schreibt dem Gläubigen vor, täglich fünfmal zu genau festgelegten Tageszeiten das Pflichtgebet zu verrichten.

Die Länge der Gebete wird anhand der Zahl der *rak'ât* (wörtlich: Beugungen des Körpers) festgelegt. Mit *rak`a* wird auch ein Abschnitt des Gebetes bezeichnet, der mit den Worten *Allâhu akbar* (Allah ist der Größte, [*takbir*]) beginnt und mit dem Friedensgruß (*salâm*) endet.

Die folgende Tabelle gibt über Zeiten und Aufbau des Gebetes Aufschluss:

	sunna vor *fard*	**fard**	*sunna* nach *fard*	*witr*
Morgengebet	2	2		
Mittagsgebet	4	4	2	
Nachmittagsgebet	4	4		
Abendgebet		3	2	
Nachtgebet	4	4	2	3

Die oben aufgeführten Zahlenangaben bezeichnen die Anzahl der *rak`a,* der Gebetsabschnitte. Die *fard*-Gebete sind die eigentlichen Pflichtgebete, denen der Prophet Muhammed bestimmte Gebete vorangehen oder folgen ließ (*sunna*-Gebete). Das *witr* ist ein Gebet nach dem Nachtgebet.

Die Pflichtgebete werden zu folgenden Zeiten vollzogen:

1. das Morgengebet vom Beginn der Dämmerung bis vor Sonnenaufgang;
2. das Mittagsgebet vom Augenblick, da die Sonne den Scheitelpunkt überschritten hat bis zu jenem, an dem die Schatten die zweifache Länge der Schatten werfenden Gegenstände erreicht haben;
3. das Nachmittagsgebet im Anschluss an das Mittagsgebet bis (etwa 40 Minuten) vor Sonnenuntergang;
4. das Abendgebet vom Untergang der Sonne an solange, bis die Abenddämmerung vorbei ist;
5. das Nachtgebet vom Ende der Abenddämmerung an bis kurz vor Beginn der Morgendämmerung.

Neben diesen Pflichtgebeten gibt es auch freiwillige Gebete. Sie unterteilen den Tagesablauf in Abschnitte und machen dem Muslim seine Verantwortlichkeit Gott gegenüber stets von neuem bewusst.

Zu 2-4) Die rituelle Reinheit wird durch eine in der äußeren Form vorgeschriebene Waschung vor dem Gebet hergestellt. Hierzu verwendet man reines Wasser und fasst innerlich die Absicht, sich zu reinigen. Dann sagt man *"Bismi-llâhir-rahmânir-rahim"* (Im Namen Gottes, des Allerbarmers, des Barmherzigen) und wäscht die Hände, spült daraufhin Mund und Nase aus und wäscht das ganze Gesicht vom Haaransatz bis zum Kinn. Man wäscht erst den rechten, dann den linken Unterarm vom Ellenbogen zum Handgelenk. Nun streicht man sich über den Kopf, wobei man mit der rechten Hand zum Hinterkopf und anschließend wieder zurück zieht. Dann werden die Ohren gereinigt. Mit den Spitzen der Zeigefinger feuchtet man das Innere, mit dem Daumen gleichzeitig die Außenseite der Ohren an. Mit den anderen drei Fingern streicht man sich kurz über den Nacken. Schließlich wäscht man erst den rechten, dann den linken Fuß vom Knöchel bis zu den Zehen und säubert die Zehenzwischenräume mit besonderer Sorgfalt. Bei dieser Form der Reinigung spricht man von der kleinen rituellen Waschung (*wudu*).

Die Waschung des ganzen Körpers (*ghusl* - große Waschung) dient der Wiederherstellung der rituellen Reinheit nach folgenden spirituell und physisch verunreinigenden Ereignissen: Menstruation, Entbindung, Beischlaf, Samenerguss. Zur Waschung des ganzen Körpers muss der Körper vollständig gereinigt und mit Wasser benetzt werden. Üblicherweise reinigt man den Kör-per zuerst oberflächlich von Unreinheiten. Drei Dinge sind dann beim Vorgang der Waschung verbindlich vorgeschrieben: Zunächst fasst man die Absicht, sich gründlich und ganz zu reinigen, dann reinigt man den Mund und die Nase und schließlich begießt man sich abschließend dreimal von Kopf bis Fuß mit sauberem Wasser. Während der großen Waschung vollzieht man auch die kleine Waschung.

Die Waschung wird im Koran als eine Pflicht genannt (5:6). Auch die Sunna des Propheten (siehe Kap. 12.2) legt großen Wert darauf, dass sich der Muslim immer in einem Zustand befindet, der es ihm erlaubt zu beten. Handlungen, deren Verrichtung ohne Waschung verboten sind, sind folgende:

1. Das rituelle Gebet zu verrichten,
2. den Koran zu berühren,
3. die bei der Rezitation bzw. beim Lesen des Koran an bestimmten Stellen vorgeschriebene Niederwerfung zu verrichten,
4. das Totengebet durchzuführen und
5. die Umschreitung der Ka`ba zu vollziehen.

Zu 5) Die Gebetsrichtung (*qibla*) wird durch die Ka`ba in Mekka vorgegeben und liegt in Mitteleuropa etwa in süd-östlicher Richtung.

Zu 6) Die Absicht zum Gebet kann in der Muttersprache stumm formuliert werden, während die übrigen Texte auf Arabisch zu sprechen sind.

Gebetshaltungen

A Eröffender *takbir:* Text 1.
Aufrecht Stehen in Richtung Mekka, beide Hände in Höhe der Ohren hebend, Handflächen nach vorn.

B *qiyam*: Text 2, 3, 4, 4 a.
Aufrecht stehen, Hände in Nabelhöhe verschränkt, rechte über linker Hand.

C *ruku`*: Text 5.
Verneigen, Hände auf den Oberschenkeln.

D *qâma*: Text 6.
Aufrecht Stehen, Hände an den Seiten.

E *sadschda*: Text 7.
Niederwerfung: Stirn, Nase, Handflächen, Knie und Zehenspitzen berühren den Boden.

F *dschalsa*: Text 8, 9, 10.
Aufsitzen auf Knien und Füßen.

G *salâm*: Text 11.
Wie *dschalsa,* dabei Kopf nach rechts wenden und *salâm* sprechen, dann Kopf nach links wenden und *salâm* sprechen.

Die Gebetstexte

1.
Allâhu akbar

Allah ist der Größte

2.
Subhânaka allahumma wa bihamdika wa tabâraka-smuka wa ta'âla dschadduka wa lâ ilâha ghairuk

Preis sei Dir, o Allah und Lob sei Dir und gesegnet ist Dein Name und hoch erhaben ist Deine Herrschaft und es gibt keinen Gott außer Dir.

3.
Al-hamdu li-llâhi rabbil-'âlamîn ar-rahmânir-rahîm mâliki yaumid-dîn iyyâka na'budu wa iyyâka nasta'în ihdinâs-sirâtal-mustaqîm sirâta-lladhîna an'amta alaihim ghairil-maghdûbi 'alaihim wa lâd-dâllîn.

Lob sei Allah, dem Herrn der Welten, dem Allerbarmer, dem Barmherzigen, dem Herrscher am Tage des Gerichts. Dir dienen wir und Dich flehen wir um Hilfe an. Leite uns den rechten Pfad, den Pfad derer, denen Du gnädig bist, nicht derer, denen Du zürnst und nicht derer, die in die Irre gehen. (Sure 1)

4.
Qul huwa-llâhu ahad allâhus-samad lam yalid wa lam yûlad wa lam yakul-lahû kufuwan ahad.

Sprich: Er ist Allah der Eine, Allah der Ewige. Er zeugt nicht und ist nicht gezeugt und nichts ist Ihm gleich. (Sure 112)

4a.
Innâ a'tainâkal-kauthar fa-salli li rabbika wa-nhar inna schâni-aka huwal-abtar.

Wahrlich, wir haben dir Überfluss gewährt, darum bete zu deinem Herrn und opfere.
Wahrlich, dein Hasser, er ist ohne Nachkommen.
(Sure 108)

5.
Subhâna rabbiyal-azim (3 mal wiederholt)

Preis sei meinem Herrn, dem Gewaltigen.

6.
Sami'a llâhu liman hamidah rabbanâ wa laka-l-hamd.

Allah hört den, der Ihn preist. Unser Herr, Lob sei Dir.

7.
Subhana rabbiyal a'la (3 mal wiederholt)

Preis sei meinem Herrn, dem Allerhöchsten.

8.
At-tahiyyâtu li-llâhi was-salawâtu wat-tayyibât as-salâmu alaika ayyuhân-nabiyyu wa rahmatu-llâhi wa barakâtuh as-salâmu alainâ wa alâ ibâdi-llâhis-sâlihîn asch-hadu an lâ ilâha illâ-llâh wa asch-hadu anna Muhammadan abduhu wa rasûluh.

Ehre sei Allah und Anbetung und Heiligkeit.
Friede sei mit Dir o Prophet und der Segen Allahs und Seine Gnade. Friede sei mit uns und den aufrichtigen Dienern Allahs. Ich bezeuge, dass es keinen Gott gibt außer Allah und ich bezeuge, das Muhammed Sein Diener und Gesandter ist.

9.
Allahumma salli alâ Muhammadin wa alâ âli Muhammad kamâ sallaita alâ Ibrâhîma wa alâ âli Ibrâhîma innaka hamîdum madschîd. Allahumma bârik alâ Muhammadin wa alâ âli Muhammad kamâ bârakta alâ Ibrâhîma wa alâ âli Ibrâhîma innaka hamîdum madschîd.

O Allah, gib Deinen Segen Muhammed und seinen Nachfolgern wie Du Deinen Segen Ibrahim und seinen Nachfolgern gegeben hast, wahrlich, Du bist der Zu Lobende, der Ruhmreiche.

O Allah, segne Muhammad und seine Nachfolger, wie Du Ibrahim und seine Nachfolger gesegnet hast, wahrlich, Du bist der zu Lobende, der Ruhmreiche.

10.
Rabbanâ âtinâ fid-dunyâ hasanatan wa fil-âkhirati hasanatan wa qinâ'adhâban-nâr

Unser Her, gewähre uns Gutes in dieser Welt und Gutes im Jenseits und errette uns vor der Strafe des Feuers.

11.
As-salâmu alaikum wa rahmatu-llâh. (2 mal wiederholt)

Der Friede sei mit euch und Allahs Gnade.

4.3. Die Sozialabgabe (*zakât*)

Die Sozialabgabe beinhaltet vom Wortstamm her Bedeutungen wie "Wachstum", "Reinigung", "Läuterung". Wer nach Abzug aller Lebenshaltungskosten über ein bestimmtes Vermögen verfügt, hat als sozialen Ausgleich die Bedürftigenabgabe zu leisten. Die Sozialabgabe beträgt 2,5% des Barvermögens. Die Armensteuer ist übrigens erst dann fällig, wenn über den Erwerb der entsprechenden Vermögenswerte ein Jahr vergangen ist. Empfänger der Sozialabgabe sind Menschen, die kein Vermögen besitzen, z.B. Arbeitslose, vollkommen mittellose, schwer verschuldete, auf Reisen in Not geratene Menschen. (vgl. 9:60; 9:103)

4.4. Das Fasten

Das Fasten ist die vierte religiöse Pflicht des Muslim, der er während eines ganzen Monats im Jahr, im Monat Ramadan, nachkommen muss. Es beinhaltet die Enthaltsamkeit von jeglichem Nahrungs- und Getränkegenuss sowie von geschlechtlichen Beziehungen vom Beginn der Morgendämmerung bis zum Sonnenuntergang.

Der Monat Ramadan, der 9. Monat des islamischen Kalenders, hat 29 oder 30 Tage und wird mit Hilfe des islamischen Mondkalenders bestimmt, dessen Jahre um 10-11 Tage kürzer sind als die des Sonnenkalenders. Infolgedessen verschiebt sich auch der Monat Ramadan von Jahr zu Jahr und fällt im Verlaufe der Jahre in jede Jahreszeit: in den Herbst, den Winter, den Frühling oder den Sommer. Der Muslim lernt es, Einschränkungen, die sich durch das Fasten bei drückender Hitze oder bei strenger Kälte ergeben, zu ertragen.

Anfang und Ende des Fastenmonats werden durch das Sichten des Neumondes festgestellt: *Beginnt nicht eher mit dem Fasten, bis ihr die Mondsichel gesichtet habt. Und brecht nicht eher das Fasten, bis ihr sie gesichtet habt. Sollte sie von Wolken bedeckt sein, dann vollendet (die Zahl der Tage)* (Sammlungen Bukhari, Muslim, Tirmidhi). Die 27. Nacht (oder eine der letzten fünf ungeraden Nächte) des Ramadan gilt als "die Nacht der göttlichen Vollmacht", in der dem Propheten Muhammed durch den Engel Gabriel die erste Offenbarung (96:1-5) übermittelt wurde. Die 97. Sure des Koran weist auf die Bedeutung dieser Nacht hin. Im Gedenken an diese erste Offenbarung des Koran verbringt man die Nacht im Gebet und im Gedenken an Gott.

Beendet wird der Fastenmonat mit dem Ramadanfest (*idul-fitr*), dessen Feierlichkeiten im Abschnitt "Religiöse Feste im Islam" kurz beschrieben werden.

Das Fasten soll als geistige Übung im Sinne des Gehorsams gegen Gott durchgeführt werden. Wenn es auch, wie der Gebetsdienst, materielle Vorteile (gesundheitliche, Disziplin fördernde oder andere) mit sich bringen kann, so ist es doch wesentlich und in erster Linie eine Anbetung und eine geistige Übung, die näher zu Gott hinführt. Das Fasten im Monat Ramadan birgt viele Geheimnisse in sich. Es soll den Menschen die Herrschaft Gottes über ihr Bewusstsein vor Augen führen.

Es dient der Stärkung des sozialen Empfindens und reguliert das soziale Leben der Muslime: Man findet mehr Zeit zum Nachdenken, gesellschaftliche Beziehungen werden mehr als sonst gepflegt, Versöhnung gefördert und die soziale Gemeinschaft wird betont. Die Besuche in der Moschee nehmen ebenfalls zu. Der Ramadan ist gleichzeitig eine Schule der Selbstdisziplin und eine Zeit der kraftvollen Danksagung für die von Gott erhaltenen Gaben.

Frauen, die z.B. während der Menstruation vom Gebet befreit sind, brauchen in dieser Zeit auch das Fasten nicht durchzuführen. Gleichermaßen sind Kranke oder Reisende von den Pflichten ausgenommen. Allerdings müssen die verpassten Fastentage später nachgeholt werden. Gänzlich vom Fasten befreit sind Kinder und Schwache.

4.5. Die Pilgerfahrt (*hadsch*)

Die Pilgerfahrt ist als eine körperliche und finanzielle Anbetung zu verstehen. Jeder geistig und körperlich gesunde erwachsene Muslim, ob Mann oder Frau, ist verpflichtet, einmal im Leben die Pilgerfahrt zu den ehrwürdigen Stätten von Mekka zu vollziehen und dort die vorgeschriebenen gottesdienstlichen Handlungen vorzunehmen. Diese Verpflichtung gilt aber nur für den, der finanziell abgesichert ist. D.h., wer die Pilgerfahrt antritt, muss für den Lebensunterhalt von Familienangehörigen gesorgt haben, die in der Heimat zurückbleiben und für die er unterhaltspflichtig ist. Im heiligen Stadtgebiet von Mekka beginnt der Pilger mit dem siebenmaligen Umschreiten der Ka`ba, das von bestimmten Gebeten begleitet wird. Dann wandert er zwischen den zwei Hügeln Safa und Marwa dreimal hin und her und ein weiteres mal hin. In Gruppen ziehen die Pilger nun in Richtung des Bergs Arafat. Sie erreichen die Stadt Mina und schließlich auch den Berg. Dort zu stehen bildet den Höhepunkt der Pilgerfahrt. Der Gläubige tritt vor Gott, bekundet vor Ihm seine völlige Ergebenheit und seinen totalen Gehorsam. Dann verlassen die Pilger Arafat wieder und ziehen nach Muzdalifa und von dort zurück nach Mina. Dort steinigen sie symbolisch den Teufel, indem sie siebzig bzw. neunundvierzig Steinchen auf drei bekannte Säulen werfen. Dann erfolgt die Schlachtung von Opfertieren (Kamel, Rind, Schaf, Ziege) und das Opferfest wird gefeiert. Zum Schluss wird das Haar des Pilgers geschoren oder gestutzt und ein erneutes siebenmaliges Umschreiten der Ka`ba unternommen. Damit ist der Weihezustand aufgehoben und die offizielle Pflichtpilgerfahrt beendet. Die Pilger bleiben jedoch meistens noch ein paar Tage in Mekka, um Gottes zu gedenken. Es wird auch empfohlen, auf der Rückreise noch Medina und das Grab des Propheten Muhammed zu besuchen.

Einige Begriffe und Bittgebete, die bei der Pilgerfahrt von Bedeutung sind:

Begriffe:

Ihrâm: *Ihrâm* ist die Bezeichnung für den Weihezustand des Pilgers, den Männer mit dem besonderen, aus zwei ungesäumten Tüchern bestehenden Pilgergewand und Frauen durch gewöhnliche Kleidung, jedoch ohne Bedeckung des Gesichts, äußerlich kundtun. Der *ihrâm* muss mit Beginn der Pilgerfahrt angelegt sein und wird am 10. Tag teilweise, nach Vollzug von *tawâf* und *sa'y* völlig aufgehoben. Während des *ihrâm* sind untersagt:

Jagen, Töten, Haare und Nägel schneiden, geschlechtliche Beziehungen, Füße, Kopf (Männer) und Gesicht bedecken, genähte Kleidung tragen (Männer), Parfüm benutzen.

Tawâf: *Tawâf* bezeichnet das Umschreiten der Ka´ba. Dieses beginnt gegenüber dem Schwarzen Stein, der in einer Ecke eingelassen ist, und bewegt sich gegen den Uhrzeigersinn. Nach der siebten Umschreitung betet man 2 *rak´a* am Platz Abrahams (*maqâm Ibrahim*) vor der Ka´ba. Bei der kleinen Pilgerfahrt (*umra*), die nur aus *tawâf* und *sa´y* besteht und zu jeder Jahreszeit vollzogen werden kann, werden die ersten drei Umschreitungen in schnellerem Schritt durchgeführt.

Sa´y: *Sa´y* bezeichnet das siebenmalige Zurücklegen der Entfernung zwischen den Hügeln Safa und Marwa nahe der Ka´ba. Dieser Lauf beginnt auf dem Hügel Safa und endet auf Marwa. In der Mitte der Wegstrecke beschleunigt man für ein Stück den Schritt.

Miqât: *Miqât* ist der Name für die Grenzlinien um den heiligen Bezirk von Mekka, an denen der Muslim den *ihrâm* spätestens anlegt.

Bittgebete:

1.
Die Absicht für die Pilgerfahrt:
Labbaik allahumma hadschan.

Ich bin hier, Dir zu Diensten, o Allah, zur Pilgerfahrt.

2.
Beim Anlegen des *ihrâm*:
Allahumma innî urîdul-hadscha fa yassirhu lî wa taqabbalhu minnî.

O Allah, ich will die Pilgerfahrt (vollbringen), darum mache sie leicht für mich und nimm sie von mir an.

3.
Talbiya (Befolgung) so oft wie möglich zu sprechen:
labbaik allahumma labbaik, labbaika lâ scharîka laka labbaik,
innal-hamda wan-ni'mata laka wal-mulk lâ scharîka lak.

Ich bin hier, Dir zu Diensten, o Allah. Ich bin hier, Dir zu Diensten. Ich bin hier, Dir zu Diensten, du hast keinen Gefährten. Ich bin hier, Dir zu Diensten. Lob und Segen sind Dein und Dein ist die Herrschaft. Du hast keinen Gefährten.

4.
Beim Erblicken der Ka'ba:
Allâhu akbar lâ ilâha illâ-llâh

Allah ist der Größte. Es gibt keine Gottheit außer Allah.

5.
Vor dem *tawâf*:
Allahumma innî urîdu tawâfa baitikal-harâmi fa yassirhu lî.. minnî sab'ata aschwâtin li-llâhi ta'âlâ 'azza wa dschall.

O Allah, ich will die Umschreitung Deines heiligen Hauses (vollbringen), mach es leicht für mich und nimm es von mir an, sieben Umrundungen für Allah den Erhabenen, den Mächtigen, Gewaltigen.

6.
Während des *tawâf*, vor Erreichen des Schwarzen Steins:
Rabbanâ âtinâ fîd-dunyâ hasanatan wa fil-âkhirati hasanatan wa qinâ 'adhâban-nâr

Unser Herr, gewähre uns Gutes in dieser Welt und Gutes im Jenseits und errette uns vor der Strafe des Feuers.

7.
Während des *tawâf*:
Qanni'nî bimâ razaqtanî wa bârik lî fîhi wa-khlif alâ kulli ghaibatin lî bi-khairin lâ ilâha illâ-llâhu wahdahu lâ scharîka lah lahul-mulku wa lahul-hamdu wa huwa alâ kulli schai-in qadîr.

O Allah, lass mich zufrieden sein mit dem, womit Du mich versorgt hast und segne mich damit und gewähre mir für alles Vergehende Besseres. Es gibt keinen Gott außer Allah, Er ist allein und nichts ist Ihm beigesellt. Sein sind die Herrschaft und die Lobpreisungen und Er hat Macht über alle Dinge.

8.
Vor dem *sa`y*:
Allahumma innî urîdu an as'â mâ bainas-safâ wal-marwati sab'ata aschwât.

O Allah, ich möchte die Läufe zwischen Safa und Marwa sieben Mal vollbringen.

9.
Auf dem Hügel Safa und Marwa:
Bismi-llâh Allâhu akbar Allâhu akbar Allâhu akbar wa lillâhil-hamd

Im Namen Allahs. Allah ist der Größte. Allah ist der Größte. Allah ist der Größte und Ihm sei Preis.

10.
Am Berge Arafat:
lâ ilâha illâ-llâhu wahdahu lâ scharîka lah lahul-mulku wa lahul-hamd allahumma-hdinî bil-hudâ wa naqinî bit-taqwâ wa-ghfir lî fîl-âkhirati wal-ûlâ.

Es ist kein Gott außer Allah. Er ist allein und nichts ist Ihm beigesellt. Sein sind die Herrschaft und die Lobpreisungen. O Allah, leite mich mit Deiner Rechtleitung und reinige mich durch die Furcht (vor) Dir und vergib mir im Jenseits und Diesseits.

11.
In Mina, beim Werfen der Steine:
Bismi-llâh Allâhu akbar radschman lisch-schaitâni wa hizbih.

Im Namen Allahs. Allah ist der Größte. Das Steinigen ist gegen den Satan und seine Gefolgschaft.

12.
In Mina, vor dem Opfern:
Bismillâh.

Im Namen Allahs.

Nachstehend soll der historische Ursprung des Opferns als eine Form der Anbetung, seine Durchführung und einige Besonderheiten des Opferfestes erläutert werden.

5. Das Opferfest

5.1. Ursprung

Der Prophet Abraham wünschte sich sehnlichst ein Kind. Er flehte Gott an, ihm seinen Wunsch zu erfüllen, und versprach ihm sogar, das Kind um seinetwillen zu opfern. Darauf schenkte ihm Gott einen Sohn, aber schon bald hatte Abraham das gegebene Versprechen vergessen. Eines Nachts erinnerte man ihn an sein Versprechen, und er wurde dreimal dazu aufgefordert, seinen Sohn zu opfern. Darauf nahm er seinen neun- oder zehnjährigen Sohn Ismail am nächsten Tag zu einem Ausflug mit. Auf Wunsch seines Vaters packte Ismail, bevor sie sich vom Zelt entfernten, Messer und Seil ein, um vom Berg Holz zu holen.

Sie gingen zu der Stelle, die Abraham im Traum gesehen hatte. Der Teufel aber versuchte das Opfern Ismails zu verhindern, indem er Hadschar, der Frau Abrahams, und dann auch Ismail selbst verriet, was Abraham vorhatte. Damit versuchte der Teufel, sie zum Ungehorsam Gott gegenüber zu verleiten. Beide jedoch entgegneten, dass Gottes Wille geschehen sollte.

Laut einer Überlieferung hat Ismail den Teufel nicht nur verflucht, sondern sogar mit Steinen beworfen. Hierin liegt der Ursprung für die Steinigung des Teufels während der Pilgerfahrt. Dort steinigen die Pilger den Teufel symbolisch, indem sie siebzig bzw. neunundvierzig Steinchen auf drei Säulen werfen.

Nachdem sich der Teufel davon gemacht hatte, erreichten Abraham und Ismail den Gipfel des Berges Arafat. Abraham umarmte ihn, streichelte ihn und sagte weinend: "O mein Sohn! Gott hat mir im Traum befohlen, dich als Opfer zu schlachten. Jetzt ist die Zeit gekommen für das, was ich vorher versprochen hatte. Was sagst du dazu?"

Ismail, der Sohn des zukünftigen Propheten, antwortete darauf gehorsam und treu: "O mein Vater! Erfülle, was Gott dir befohlen hat! Hoffentlich findest du mich bei den Geduldigen."

Um Gottes Befehl nachzukommen, band Abraham auf Wunsch des Sohnes dessen Hände und Füße fest zusammen. Er legte ihn auf den Boden und verhüllte ihm auch das Gesicht. Dann schaute er zum Himmel empor und sagte: "O Gott! Nun erfülle ich deinen Befehl!" Er versuchte mit voller Kraft Ismail die Kehle durchzuschneiden.

Als Abraham sah, dass keine Striemen am Hals Ismails zu sehen war und sich der Kopf vom Körper nicht trennen wollte, war er überrascht. Er befürchtete, den Befehl durch sein Mitgefühl nicht kräftig genug ausgeführt zu haben, und wiederholte die Prozedur. Erneut aber hinterließen seine Schnitte keine Spuren.

Nun wurde Abraham sehr wütend und warf das Messer auf einen Felsen, so dass er entzwei brach. Er versuchte es noch einmal, wieder schnitt das Messer nicht. Daraufhin fragte ihn der Sohn, worauf er warte und warum er seine Aufgabe nicht erfülle.

Als er ein letztes Mal versuchte, den Hals seines Sohnes durchzuschneiden, hörte er vom Himmel eine Stimme rufen: "Allah ist der Größte, Allah ist der Größte!" Er schaute nach oben und sah den Engel Gabriel, der einen Schafbock an seinen Hörnern hielt und zur Erde brachte, wobei er "Allah ist der Größte, Allah ist der Größte" rief. Darauf entgegnete Abraham "Es gibt keine Gottheit außer Allah und Allah gebührt Größe."

Ismail, der nicht wusste, welchen Ursprung und welchen Grund die Stimmen hatten, hob seinen Kopf hoch und war angesichts des Anblicks sehr erstaunt. Auch er rief nun: "Allah ist der Größte und Dank sei Allah."

Danach sprach Gabriel wie folgt: "O Abraham! Beeile dich nicht!

Halte ein! Allah, der Erhabene, hat deine Bereitschaft zur Erfüllung seines Befehls in deinem Traum und deine Treue Ihm gegenüber angenommen und diesen Schafbock herab gesandt. Lass also Ismail und opfere den Schafbock!"

Aus Dankbarkeit warf sich Abraham nieder und lobte Allah. Er löste die Hände und Füße Ismails und hielt den von Gabriel gebrachten Schafbock fest. In diesem Moment vergoss Ismail, das Vorbild an Treue, vor Freude Tränen.

Inzwischen war der Schafbock aus den Händen Abrahams entkommen. Vater und Sohn liefen hinterher, um ihn einzufangen, was ihnen in Mina schließlich auch gelang. Dort schlachteten sie den Schafbock zum Wohlgefallen Gottes.

Der Grund für das Schlachten von Opfertieren (Kamelen, Rindern, Schafen, Ziegen) in Mina liegt also in der Sunna (im Handeln) Abrahams. Hiermit greift der Islam eine Tradition des Alten Testaments auf und führt sie weiter.

(Vgl. auch Sure 37)

5.2. Opfervoraussetzungen

Was die Notwendigkeit der Schlachtung von Opfertieren betrifft, herrscht unter den islamischen Rechtsgelehrten keine Einigkeit. Der hanafitischen Rechtsschule, einer der größten Rechtsschulen im Islam, zufolge, muss ein Muslim, der die notwendigen Voraussetzungen erfüllt, ein Opfertier schlachten. Die anderen Rechtsschulen betonen, dass das Schlachten von Opfertieren auf die Tradition des Propheten zurückgeht. Daher habe es keine verpflichtende Funktion.

Die Voraussetzungen für die Notwendigkeit der Schlachtung eines Opfertieres sind:

1) Der Schlachtende muss Muslim oder Anhänger einer der Offenbarungsreligionen sein (5:5),
2) er sollte nicht auf Reisen sein,
3) er muss genug Vermögen über das Notwendigste hinaus besitzen,
4) er muss im Vollbesitz seiner geistigen Kräfte sein. Einigen Rechtsgelehrten zufolge dürfen auch Kinder Opfertiere schlachten bzw. von den Eltern für sie schlachten lassen.

Jeder Muslim, der die oben aufgeführten Voraussetzungen besitzt, sollte einmal im Jahr zur festgelegten Zeit ein Opfertier schlachten.

Die Opfertiere sollen nicht wild sein. Ein Schaf oder eine Ziege gilt als Opfer einer Person, während ein Rind auf sieben Personen gleichmäßig verteilt werden kann.

Teure und fette Opfertiere sind besser als schwache, z.B. Schafböcke oder Ziegen. Es ist u.a. nicht erlaubt, ein Opfertier, das schwach ist und deswegen nicht bis zum Schlachtort laufen kann oder dessen Augen blind sind oder das keine Ohren hat, zu schlachten.

Darüber hinaus sind auch hygienische Standards zu beachten. Die Eingeweide der geschlachteten Tiere dürfen nach der Schlachtung nicht auf der Straße liegen gelassen werden. Es dürfen nicht mehrere Tiere gleichzeitig geschlachtet werden, sondern nur hintereinander. Die Messer müssen geschärft sein und die Schlachtung muss schnell vonstatten gehen. Das Tier darf das Messer nicht sehen. Die Schlachtung muss von einem Fachmann ausgeführt werden.

Diese und weitere Bedingungen für die Schlachtung der Tiere werden heutzutage auch in islamischen Ländern teilweise nicht beachtet.

5.3. Das Opfern in der Praxis

Hier soll dargestellt werden, wie die Muslime ihre Opfertiere schlachten. Muslime schlachten Tiere, deren Fleisch sie essen, indem sie die Worte *Bismi-llâh Allahu akbar* (Im Namen Allahs, Allah ist der Größte) sprechen und dem Tier zum Ausbluten die Halsschlagader durchschneiden. Im Koran heißt es:

> *Esst von dem, worüber der Name Allahs ausgesprochen worden ist.* (6:118)

> *Gott hat vorgeschrieben, alles gut zu verrichten. Wenn ihr tötet, dann tötet in rechter Weise. Wenn ihr schlachtet, dann schlachtet in rechter Weise; ihr sollt euer Schlachtmesser schärfen und es dem Schlachttier erträglicher machen.*
> (Sammlungen Bukhari, Muslim, Abu Dawud, Tirmidhi)

Das Opferfest beginnt am 10. Tag des islamischen Monats *Dhul-Hiddscha.* Man kann das Opfertier nach dem Sonnenaufgang des ersten Tages (Festgebet) bis vor dem Sonnenuntergang des dritten Tages schlachten.

Das Fleisch des Opfertieres teilt man in drei Teile auf: Ein Drittel ist für die eigene Familie. Ein weiteres Drittel verteilt man an Bekannte und Nachbarn und das letzte Drittel spendet man den Armen. Außerdem kann man auch den Juden und Christen vom Opferfleisch geben. Dadurch fordert der Islam zu sozialer Gerechtigkeit im gesellschaftlichen Leben auf.

In diesem Zusammenhang wird den Muslimen oft Tierquälerei vorgeworfen. Die Praxis des Schlachtens ist aber nicht mit einem Mord an den Tieren gleichzusetzen. Der Islam ist, was die Behandlung von Tieren betrifft, empfindsam und achtet sie sehr, da auch sie Geschöpfe Gottes sind. Im Koran steht aber auch geschrieben, dass die Tiere für den Menschen erschaffen wurden. Wenn nun zum Anlass des Opferfestes Tiere geschlachtet werden, so dient dies in erster Linie der Anbetung Gottes und darf nicht als Tierquälerei missverstanden werden. Die Schlachtung von Tieren geschieht außerdem auch aus sozialen Gründen. Viele Menschen hatten weder zur Zeit des Propheten noch heutzutage genug Geld, um sich den Verzehr von Fleisch leisten zu können. Sie sollten von der Schlachtung der Tiere profitieren. Für die gute Behandlung von Tieren gibt es in der islamischen Geschichte Beispiele. So wurden z.B. Stiftungen gegründet, die sich für das Wohl von Tieren einsetzten. Außerdem beschäftigen sich auch einige Hadithe mit diesem Thema.

Muhammed erzählte seinen Gefährten:

> *Ein Mann war unterwegs, und es überfiel ihn ein großer Durst. Er fand einen Brunnen, stieg hinab und trank. Als er wieder nach oben stieg, fand er einen Hund mit ausgestreckter Zunge, der aus Durst den Staub aufleckte. Der Mann sagte: "Dieser Hund erleidet aus Durst das, was ich selbst erlitten habe." Er stieg wieder in den Brunnen hinab, füllte einen Schuh mit Wasser und hielt ihn mit dem Mund fest, bis er oben ankam. Dann tränkte er den Hund. Gott dankte es ihm und schenkte ihm Vergebung. Die Gefährten sagten: "O Gesandter Gottes, haben wir auch in Bezug auf die Behandlung von Tieren einen Lohn zu erwarten?" Er sagte: "Für die Tränkung eines jeden Lebewesens gibt es einen Lohn.* (Sammlungen Bukhari, Muslim)

> *Eine Frau ist in das Höllenfeuer eingegangen, weil sie eine Katze angebunden hatte. Sie gab ihr nichts zu fressen und hinderte sie daran, sich von Insekten der Erde zu ernähren.* (Sammlung Bukhari)

Dem Islam zufolge werden nicht nur Menschen, sondern auch Tiere auferstehen. Am Jüngsten Tage werden die Tiere ihre Rechte einfordern. Deshalb ist der Mensch dazu aufgerufen, sie gut zu behandeln.

6. Feste im Islam

Für Muslime sind religiöse Feste Tage tief gehenden islamischen Denkens und Empfindens, in denen Erinnerungen an eine lange und ehrenvolle Vergangenheit mit all ihren Freuden und Leiden wieder aufgefrischt, vergegenwärtigt und neu "erlebt" werden.

Muslime genießen an den Festtagen die Freude des Wiedersehens mit Verwandten und Freunden in einer freundschaftlichen Atmosphäre. Sie besuchen sich gegenseitig und verbringen schöne Stunden miteinander. Angehörige auseinander gerissener Familien, die das moderne, industrialisierte Leben gezwungen hat, in verschiedenen Städten getrennt voneinander zu leben, kommen zusammen und freuen sich über die Köstlichkeiten, die sie sich gegenseitig auftischen.

Für Kinder sind religiöse Feste von noch viel größerer Bedeutung. Sie empfinden eine andere Art von Freude und Vergnügen in der warmen, sie umgebenden Atmosphäre der Feste, auf die sie sich schon ein paar Tage zuvor vorbereitet haben.

Religiöse Feste stellen die praktischsten Mittel für die Verbesserung zwischenmenschlicher Beziehungen dar. Die Menschen erleben eine tiefe innere Freude. Sie treffen sich und tauschen in einer gesegneten Atmosphäre spiritueller Harmonie Glückwünsche aus. Sie fühlen dann den Drang sich aus den Klauen weltlicher Bindungen zu befreien und in den Tiefen ihres spirituellen Seins zu leben. Diese Atmosphäre von Liebe und Barmherzigkeit schenkt den Menschen neue Hoffnung.

Im Zusammenhang mit den oben erwähnten Anbetungen gibt es zwei Feste:

* **'Îdul-Fitr,** das Fest des Fastenbrechens am Ende des Monats Ramadan, in dem die Muslime vom Anbruch der Morgendämmerung bis zum Sonnenuntergang fasten, und

* **'Îdul-Adhâ,** das Opferfest, das am 10. Dhu-l-Hidschdscha stattfindet, dem letzten Monat des islamischen Jahres, in dem die Pilgerfahrt vollzogen wird.

Beide Feste nehmen einen besonderen Platz im Leben der Muslime ein und hinterlassen in der Kultur der Muslime unauslöschliche Eindrücke.

6.1. Die Feste im Alltag

An dieser Stelle soll kurz dargestellt werden, wie die Muslime das Ramadan- und Opferfest feiern. Die Muslime bereiten sich auf das Fest vor. Sie machen einen großen Hausputz und backen Blätterteigspezialitäten, die sie ihren Gästen anbieten werden. Außerdem werden viele weitere leckere Speisen vorbereitet und im ganzen Monat werden Verwandte und Nachbarn zum Essen eingeladen.

Man kleidet sich in neue oder saubere Kleidung. Man beschenkt sich gegenseitig. Besonders den Kindern wird eine Freude bereitet. Verwandte und Bekannte besuchen sich gegenseitig. Die Jüngeren besuchen die Älteren und küssen ihnen die Hand, während die Älteren den Jüngeren gegenüber besonders aufmerksam sind. Dadurch werden die zwischenmenschlichen und gesellschaftlichen Beziehungen sowie das Verhältnis und Verständnis zwischen den Generationen verstärkt. Daneben besucht man auch kranke Menschen und Friedhöfe.

7. Bittgebet im Islam

Im Islam gibt es zwei Arten von Gebeten: Das bereits erwähnte fünfmal am Tag zu verrichtende rituelle Pflichtgebet mit dabei vorgeschriebenen Körperbewegungen und Koranrezitation (*salâh*) sowie das zusätzliche formlose und nicht zeitgebundene persönliche Bittgebet (*du'â*).

Das Bittgebet ist ein Gebet, bei der sich der Mensch mit seinem ganzen Wesen an den erhabenen Schöpfer wendet und seine Wünsche äußert. Die Bedeutungen, die das arabische Wort *du`â* beinhaltet, lauten dem Lexikon zufolge "Anrufung Gottes; Ruf; Gebet; Bitte; die Äußerung dessen, was man von Allah erfleht." Das Wort selbst wird an zwanzig Stellen im Koran genannt. In der islamischen Literatur versteht man unter *du`â,* dass der Diener vor der Großartigkeit und Erhabenheit Gottes seine Schwäche gesteht und respektvoll und ehrerbietig um Seine Gnade und Hilfe bittet. Daher hat das Bittgebet die Funktion des Dialogs zwischen Gott und seinen Dienern. Entscheidend dabei ist das innere Erleben des Einzelnen, der in sich die Nähe Gottes spürt und Seine Präsenz im eigenen Herzen erfährt, wie Gott in einem außerkoranischen Wort sagt: *Himmel und Erde umfassen Mich nicht, aber das Herz Meines Dieners umfasst Mich.*

Der Koran unterstreicht die Notwendigkeit und zugleich die Wirksamkeit des Bittgebets, indem er zu den Gläubigen sagt:

> *Sprich: Nicht kümmert sich mein Herr um euch, wenn ihr Ihn nicht anruft.* (25:77)

Der Prophet Muhammed sagt: *Das Bittgebet ist das Wesen der Anbetung.* (Sammlung Tirmidhi)

Zum Bittgebet gehört aber nicht nur passives Bitten, sondern auch Handeln. Das heißt, es reicht nicht aus, dass man von Allah etwas erbittet und dann darauf wartet, dass diese Bitte auch erfüllt wird. Vielmehr muss der Mensch durch seine Tätigkeit und durch seinen Willen zur Erreichung seines Zieles beitragen.

Am Bittgebet sind also nicht nur die Zunge des Menschen beteiligt, sondern gleichermaßen auch seine Gedanken, seine Gefühle, seine Absicht und sein Wille.

Drei Dinge charakterisieren das Bittgebet:

1) Bekräftigung der Einheit Gottes und preisendes Gedenken;
2) Bitte um Vergebung, Mitgefühl usw.;
3) Bitte um weltliche Gaben.

Der islamischen Tradition zufolge gelten Worte wie "Es gibt keine Gottheit außer Allah" und "Lob sei Allah!" als Bittgebet.

> *Und Allahs sind die schönsten Namen. Darum ruft Ihn an mit ihnen und verlasst jene, welche Seine Namen verketzern. Wahrlich, belohnt sollen sie werden für ihr Tun!* (7:180)

Weiter wird im Koran berichtet, dass das Gebet der Muslime im Paradies mit "Gepriesen sei Allah!" beginnt und mit "Lob sei Allah!" beendet wird:

> *Ihr Gebet dort wird sein. "Preis Dir, o Allah!" und ihr Gruß dort wird sein: "Frieden!" Und zuletzt werden sie rufen: "Das Lob sei Allah, dem Herrn der Welten!* (10:10)

Das Bittgebet beinhaltet im Allgemeinen zwei wichtige Punkte, die wir erstens als Ausdruck des Gedenkens und der Ehrerbietigkeit und zweitens als Ausdruck der Wünsche darstellen können. Das Bittgebet kann auch in der Muttersprache gesprochen werden.

Nichts ist zu unwichtig, als dass es Gott nicht vorgetragen werden könnte:

Bitte um Rechtleitung, Hilfe bei Krankheit, Fürbitte, Vertrauen, Hoffnung auf Vergebung der Sünden. Jede Handlung soll mit einem Bittgebet eingeleitet werden, ob man ein neues Kleid anzieht, verreist, einem Sterbenden beisteht, ins Bett geht oder isst. Darüber hinaus gibt es auch Bittgebete zu besonderen Anlässen wie z. B. Mond- oder Sonnenfinsternissen, langen Dürreperioden, Naturkatastrophen usw.

Weitere Themen für das Bittgebet gibt es zuhauf:

Körperliche und seelische Gesundheit, Glück im Dies- und im Jenseits, individuelle und gesellschaftliche Sicherheit, ungewollte und gefürchtete Ereignisse, Krankheit, Armut, trügerischer Reichtum, niedere Gelüste, Angst vor dem Teufel und der Hölle, Schulden, Trauer und Kummer, Tyrannei und Feindschaft, Machtlosigkeit, Schande, Leiden im Grab; Geburt, Tod, Reise; Anbetung, Essen, Trinken, Schlaf, Träume, Aufwachen, Baden, Einkaufen; Schutz vor Schlechtigkeiten, die durch Unwissenheit, unnützes Wissen, körperliche Lüste, Hass, Eifersucht oder gefühllose Herzen entstehen; Liebe, Mitgefühl, gute Sitten usw.. Aus Gebetbüchern, in denen Bittgebete zu diesen Themen gesammelt sind, sollte zu allen Zeiten rezitiert werden.

Der Muslim wendet sich also in seinen Nöten und mit seinen Wünschen allein an Gott. Dies schreibt auch der Koran vor. Vor allem durch die Hinwendung zu Allah gewinnt der Mensch an Wert:

> *Sprich: "Nicht kümmert sich mein Herr um euch, wenn ihr Ihn nicht anruft.* (25:77)

Das Bittgebet kann alle Gefühle des Herzens zum Ausdruck bringen. Gott ist immer in der Nähe der Menschen und nimmt sich ihrer an:

> *Wenn Meine Diener dich über Mich befragen, siehe, Ich bin*

nahe, Ich beantworte den Ruf des Rufenden, wenn er Mich anruft. So lass sie denn beten! (2:186)

Im Koran findet der Muslim auch die wichtigsten Gebetsformeln. In etwa 200 Versen des Koran geht es um das Bittgebet. In komprimierter Form beschreibt die Eröffnungssure des Koran, arabisch *al-fâtiha* (Einleitung oder Vorwort) genannt, die Attribute Gottes, die Aufrichtigkeit beim Gebet und die beste Art, Gott zu dienen:

> *Im Namen Allahs, des Allerbarmers, des Barmherzigen! (1) Alles Lob sei Allah, dem Herrn der Welten, (2) dem Allerbarmer, dem Barmherzigen, (3) dem Herrscher am Tage des Gerichts! (4) Dir dienen wir und Dich bitten wir um Hilfe. (5) Führe uns den geraden Weg, (6) den Weg derer, denen Du Gnade erwiesen hast, nicht derer, denen Du zürnst, und nicht den der Irregehenden!* (7)

Die Sure *al-fâtiha* eröffnet nicht nur den Koran, der Muslim beginnt mit ihr in jedem seiner rituellen Gebete auch die Koran-Rezitation. Neben dieser funktionellen Bedeutung hat die *al-fâtiha* aber auch besonderen inhaltlichen Wert: In ihr werden einige der Namen Gottes genannt, sie lehrt den *tauhid* (die Einheit Gottes) und sie zeigt uns die Grundzüge des Verhältnisses Gottes zu den Menschen. Sie umfasst kurz und knapp die wichtigsten Grundlagen des islamischen Glaubens und lehrt uns die richtige Art zu Gott zu beten. Die *al-fâtiha* lässt sich in zwei Abschnitte unterteilen: Der erste Teil ist für Gott bestimmt, der zweite für die Gläubigen.

Nach der *al-fâtiha* liest man oft ein Bittgebet, das schon der Prophet Muhammed selbst las und auch den Muslimen empfahl:

> *Unser Herr, gib uns im Diesseits Gutes und im Jenseits Gutes und hüte uns vor der Strafe des Feuers.* (2:201)

Ein weiteres oft gelesenes Bittgebet im Koran lautet:

Unser Herr, strafe uns nicht für Vergesslichkeit oder Sünde! Unser Herr, lege uns nicht eine Last auf, wie Du sie den Früheren auflegtest! Unser Herr, und lass uns nicht tragen, wozu unsere Kraft nicht ausreicht; und vergib uns und verzeihe uns und erbarme Dich unser. Du bist unser Beschützer. Und hilf uns gegen das ungläubige Volk! (2:286)

Ein Bittgebet für diejenigen, die die Armensteuer abführen, hat folgenden Inhalt:

Nimm Almosen von ihrem Besitz, auf dass du sie dadurch reinigen undläutern mögest. Und bete für sie; denn dein Gebet verschafft ihnen Beruhigung. Und Allah ist hörend und wissend. (9:103)

Neben diesen vorgegebenen Texten, die in bestimmten Situationen gebetet werden können, steht es aber auch jedem frei, selbst Gebete frei zu formulieren. Ein Beispiel:

Vergib uns unsere Sünden, die bewussten und unbewussten, lass uns Dein Wohlgefallen erlangen.
Lass mich, meinen Mann, meine Kinder und meine Familie ins Paradies eingehen. Alles was ich für mich erhoffe, gönne ich auch allen anderen Muslimen.
Hilf uns, auch die Herzen der Nichtmuslime zu öffnen.
Schenke uns Aufrichtigkeit, Vereinigung und den rechten Glauben.
Lass uns im Glauben an Dich sterben.
Lass uns dem Weg Muhammeds und seiner Gefährten folgen.
Steh uns gegen den Satan und unsere Begierden bei.

(Gebet einer deutschen Muslimin)

Wie steht der Islam zum interreligiösen Gebet?

Der Islam respektiert die vor seiner Zeit offenbarten Botschaften Gottes an die Menschen.

> *Und die an das glauben, was auf dich und vor dir herab gesandt wurde...* (2:4)

Mit dem Koran erhalten die Muslime Richtlinien, die das Zusammenleben mit Angehörigen verschiedener Religionen regeln:

> *Wahrlich, diejenigen, die glauben, und die Juden, die Christen und die Sabäer, wer an Allah und den Jüngsten Tag glaubt und Gutes tut - diese haben ihren Lohn bei Ihrem Herrn und sie werden weder Angst haben noch werden sie traurig sein.* (2:62)

Der Koran befasst sich auch mit den Gebeten der Propheten, die im Alten und im Neuen Testament erwähnt werden. Die Gebete der Propheten Noah, Abraham, Josef, Jonas, Zacharias, Jesus und anderer werden anerkannt. Als Beispiel möchte ich hier einige solcher Bittgebete von früheren Propheten vorstellen.

Das Bittgebet Abrahams im Koran lautet:

> *Und damals sagte Abraham: "Mein Herr, mache diese Stadt zu einer Stätte des Friedens und bewahre mich und meine Kinder davor, die Götzen anzubeten. Mein Herr, sie haben viele Menschen irregeleitet, wer mir nun folgt, der gehört sicher zu mir; und wer mir nicht gehorcht - siehe, Du bist Allverzeihend, Barmherzige. Unser Herr, ich habe einen Teil meiner Nachkommenschaft in einem unfruchtbaren Tal nahe bei Deinem heiligen Haus (gemeint ist bei der Ka`ba in Mekka) angesiedelt, o unser Herr, auf dass sie das Gebet verrichten mögen. So mache ihnen die Herzen der Menschen zugeneigt und versorge sie mit Früchten, damit sie dankbar sein mögen. Unser Herr, Du weißt,*

was wir verbergen und was wir offen kundtun. Und vor Allah ist nichts verborgen, ob auf Erden oder im Himmel. Alles Lob gebührt Allah, Der mir ungeachtet des Alters, Ismael und Isaak geschenkt hat. Wahrlich, mein Herr ist der Erhörer des Gebets! Mein Herr, hilf mir, dass ich und meine Kinder das Gebet verrichten. Unser Herr, und nimm mein Gebet an. Unser Herr, vergib mir und meinen Eltern und den Gläubigen am Tag der Rechenschaft." (14:35-41)

Das Bittgebet Moses im Koran:

"...Mein Herr, weite mir meine Brust und mache mir mein Geschäft leicht und löse den Knoten meiner Zunge, dass sie mein Wort verstehen. Und gib mir einen Wesir von meiner Sippe, Aaron, meinen Bruder. Stärke durch ihn meinen Rücken und mache ihn zum Gefährten in meinem Werk, dass wir Dich oft preisen und oft Deiner gedenken, denn siehe, Du schaust uns." (20:25-35)

Das Bittgebet Jesu im Koran:

Da sprach Jesus, der Sohn der Maria: "O Allah, unser Herr, sende zu uns einen Tisch vom Himmel herab, dass es ein Festtag für uns werde, für den ersten und den letzten von uns, und ein Zeichen von Dir; und versorge uns, denn Du bist der beste Versorger." (5:114)

Im Koran werden Klausen, Kirchen, Synagogen und Moscheen, in denen häufig der Name Gottes genannt wird, gemeinsam gelobt:

...Und wenn Allah nicht die einen Menschen durch die anderen zurückgehalten hätte, so wären gewiss Klausen, Kirchen, Synagogen und Moscheen, in denen der Name Allahs oft genannt wird, niedergerissen worden. Und Allah wird sicher dem beistehen, der Ihm beisteht... (22:40)

In einem von vielen Bittgebeten des Propheten Muhammed heißt es:

> *O Allah, ich nehme Zuflucht zu Dir vor einer unersättlichen Seele, vor einem Herzen, das nicht demütig ist, vor Anbetung, die Du nicht annimmst, und vor Gebeten, die nicht erhört werden, und ich nehme Zuflucht bei Dir vor dem Übel des Kummers und dem Aufruhr des Herzens.*
> (Sammlungen Bukhari, Muslim)

Bei seinen Pflichtgebeten rezitiert der Muslim auf Arabisch auch folgendes Bittgebet:

> *O Allah, gib Deinen Segen Muhammed und den Angehörigen Muhammeds, wie du Deinen Segen Ibrahim und den Angehörigen Ibrahims gegeben hast! Wahrlich, Du bist der Lobwürdige, der Ruhmvolle.*
> *O Allah, segne Muhammed und die Angehörigen Muhammeds, wie du Ibrahim und die Angehörigen Ibrahims gesegnet hast! Wahrlich, Du bist der Lobwürdige, der Ruhmvolle.*
> (Sammlungen Bukhari, Muslim)

Der Islam widersetzt sich dem gemeinsamen Gebet mit Angehörigen anderer Religionen nicht, sondern begrüßt es vielmehr. Schließlich spricht man in den Bittgebeten aller drei großen Offenbarungsreligionen von Gott und Seinem Willen und wendet sich in seinen Nöten und mit seinen Wünschen allein an Ihn. Nichts geschieht ohne Gottes Willen. Er allein weiß in jeder Situation, was für den Menschen das Beste ist - wie es ein türkisches Lied schön auf den Punkt bringt:

Lass uns sehen, was Gott tut,
Was Er macht, das macht Er gut.

In einem christlichen Lied heißt es:

Danket Gott, denn Er ist gut,
Gut ist alles, was er tut.
Noah Psalm 136

8. Gebetsruf

Mit dem Gebetsruf (*adhân*) fordert der Muezzin die Muslime (vom Minarett aus) fünfmal täglich zum Gebet auf. Der Gebetsruf erfolgt, wenn die Zeit des Gebetes gekommen ist, nicht früher. Er wendet sich an die Einwohnerschaft des jeweiligen Stadtteils oder Dorfes und wird daher nicht wiederholt. Neugeborenen spricht man ebenfalls den *adhân* ins Ohr:

1) *Allahu akbar* (4-mal) (Allah ist der Größte)

2) *aschhadu an lâ ilâha illâ-llâh* (2-mal)
(Ich bezeuge, es gibt keine Gottheit außer Allah)

3) *aschhadu anna Muhammadar-rasûlu-llâh* (2-mal)
(Ich bezeuge, dass Muhammed der Gesandte Allahs ist.)

4) *hayyâ alas-salâh* (2-mal) (Auf zum Gebet!)

5) *hayyâ alal-falâh* (2-mal) (Auf zum Heil! (Wohlergehen))

6) *Allâhu akbar* (2-mal) (Allah ist der Größte)

7) *lâ ilâha illâ-llâh* (Es gibt keine Gottheit außer Allah)

Nach Punkt 5 wird zum Morgengebet hinzugefügt:

Asssalâtu khairun min an-naum (2-mal)
(Das Gebet ist besser als der Schlaf)

Es gibt auch einen zweiten Gebetsruf (*iqâma*), der unmittelbar vor jedem Pflichtgebet mit dem folgenden kurzen Zusatz nach Punkt 5 des eigentlichen Gebetsrufs (*adhân*) gesprochen wird:

Qad qâmatis-salâh (2-mal)
(Das Gebet hat begonnen)

9. Die Moschee (*câmi*)

Das türkische Wort für Moschee lautet *câmi* (*dschâmi* gesprochen), das arabische *masdschid* oder ebenfalls *dschâmi*. Die Moschee ist der Bet- und Versammlungsort der Muslime. Besonders den von Türken erbauten großen Moscheen waren auch oft soziale Einrichtungen wie Schulen, Restaurants, Hamams, Bibliotheken in Form von Stiftungen angegliedert.

Die erste Moschee wurde nach der Hidschra, der Auswanderung der Muslime von Mekka nach Medina im Jahre 622 n.Chr., in Quba errichtet. Die Muslime haben drei heilige Moscheen: Die *masdschidul-aqsâ* (die entfernte Moschee) steht in Jerusalem auf dem Platz, an dem die Himmelsreise des Propheten Muhammed stattgefunden hat. Im Zentrum des Hofes der *masdschidul-harâm* (der heiligen Moschee) in Mekka, die nur Gläubige betreten dürfen, befindet sich die Ka`ba, das wichtigste Heiligtum des Islam. Beim Bau der dritten heiligen Moschee, der *masdschidun-nabawi* (der Moschee des Propheten) in Medina halfen der Prophet Muhammed und seine Gefährten noch selbst mit. Diese Moschee, die im Laufe der Zeit immer weiter ausgebaut wurde, umschließt heute das Grab des Propheten.

Das Innere einer jeden Moschee ist reich geschmückt und mit traditionellen islamischen Mustern verziert. Zu einer Moschee gehören gewöhnlich:

- der *mihrâb*, eine Gebetsnische, die in die Wand der Moschee eingelassen ist. Sie zeigt den Muslimen die Gebetsrichtung *qibla* an. Muslime wenden sich in ihrem Gebet immer der Ka`ba in Mekka zu.

- ein *minbar*, eine wenige Stufen über dem Boden befindliche Kanzel, von der aus beim Freitags- und bei den Festgebeten nach dem Vorbild des Propheten Ansprachen gehalten werden,

- ein Minarett, von dem aus der Muezzin zum Gebet ruft,

- ein Brunnen für die obligatorischen Waschungen.

Neben der Gebetsnische befinden sich oft Tafeln mit folgenden Namen: Allah, Abu Bakr, Uthman und Hasan auf der rechten Seite, links von ihr Muhammed, Umar, Ali und Husain. Diese acht Namen werden in arabischer Schrift dargestellt. Abu Bakr, Umar, Uthman und Ali wurden nach dem Tode des Propheten dessen rechtschaffene Nachfolger. Hassan und Hussein sind die Söhne Alis und damit die Enkelkinder Muhammeds.

Der Boden der Moschee ist mit Matten oder Teppichen ausgelegt. Vor dem Eintreten zieht man sich die Schuhe aus, damit kein Schmutz von draußen die Moschee verunreinigt. Fächer oder Ablagen zur Aufbewahrung der Schuhe stehen bereit. Beim Gebet wird auf Reinlichkeit großen Wert gelegt; daher findet man in den meisten Moscheen auch Waschgelegenheiten vor.

> *O ihr, die ihr glaubt, wenn zum Gebet gerufen wird am Tag der Versammlung, dann eilt zum Gedenken Allahs und lasst den Handel ruhen...* (62:9)

10. Heilige Nächte

Im Islam gibt es fünf Nächte, die eine besondere Bedeutung haben.

10.1. Der Geburtstag des Propheten *(maulid)*

Maulid bezeichnet den Geburtstag des Propheten Muhammed am 12. *rabi ul-awwal,* dem dritten Monat des islamischen Mondjahres. Vom 12. Jahrhundert an erhielt die Verehrung des Propheten in der Feier des mevlid eine angemessene äußere Form. Noch heute feiert man diesen Tag überall in der islamischen Welt. Süleyman Celebi von Bursa (gest. 1419) hat die Geschichte der Geburt Muhammeds in seinem Mevlud-i scherif, einem *mathnawi* in schlichten türkischen Versen im einfachsten Versmaß, in Worte gefasst. Dieses Gedicht wird in vielen türkischen Familien nicht nur zum Geburtstag des Propheten, sondern auch am Jahrestag, am 40. Tage nach einem Todesfall oder bei der Erfüllung eines Gelübdes rezitiert und mit einer lieblichen Melodie gesungen.

10.2. Die Nacht der Empfängnis *(lailatur-raghaib)*

Die Nacht der Empfängnis ist die Nacht vom ersten Donnerstag auf den folgenden Freitag im Monat Redscheb, im ersten der drei heiligen Monate.

10.3. Die Nacht der Himmelsreise *(lailatul-mi'radsch)*

Die Nacht der Himmelsreise ist die Nacht, in der die Nachtreise des Propheten Muhammed stattfand, die Nacht zum 27. Tag des Mondmonats Radschab. Die islamische Tradition unterstreicht, dass Gott

Seinen Gesandten Muhammed unter vielen anderen Gunstbeweisen auch durch eine Nachtreise von Mekka nach Jerusalem und anschließend durch eine Himmelsreise zu Gott ausgezeichnet und in besonderer Weise seine prophetische Sendung bestätigt hat. Damit wurde dem Propheten Muhammed die wunderbarste Erfahrung zu Teil, die ein Mensch machen kann, der *mi'radsch*. Die Muslime bezeichnen auch die geistige Reise des Menschen zu Gott mit dem Wort *mi'radsch*. Der Prophet selbst benutzte das Wort *mi'radsch* auch dafür, die Gläubigen ganz allgemein zu charakterisieren; er erklärte, dass "das Gebet der *mi'radsch* der Gläubigen" sei. Die geistige Reise zu Gott unterscheidet sich von Mensch zu Mensch, je nach den persönlichen Fähigkeiten. Sie durchläuft eine ganze Reihe von Phasen, die nach und nach durchwandert werden.

10.4. Die Nacht der Befreiung (*lailatul-baraa*)

Die Nacht der Befreiung ist die 15. Nacht des islamischen Monats Schaban, in der Gott der Überlieferung zufolge besondere Segnungen vornimmt, indem Er denjenigen, die in dieser Nacht intensiv beten, Vergebung und sehr hohe Belohnungen gewährt und ihnen Engel zur Unterstützung hinab sendet.

10.5. Die Nacht der Macht (*lailatul-qadr*)

Sie ist die Nacht der Vollmacht Gottes und der Bestimmung, wahrscheinlich die 27. Nacht des Monats Ramadan. In dieser Nacht wurde Muhammed durch den Engel Gabriel die erste Offenbarung übermittelt (97:1-5). Im Gedenken an diese Nacht verbringen Muslime diese Nacht im Gebet und im Gedenken an Gott.

11. Sufismus

Der islamische Sufismus betont vor allem die innere Dimension des Islam und ist eine bedeutende Strömung innerhalb des islamischen Denkens.

Sufismus bedeutet etymologisch "sich in Wolle kleiden" (d.h. einfache Kleidung zu tragen, wie dies z.B. die Derwische tun). Er bezeichnet Wege, durch die man Gott direkt erreicht und zur Erkenntnis Seines verborgenen Wesens vorstößt. Der Sufismus betont den Vorbildcharakter des Lebens des Propheten Muhammed. Die Lauterkeit des Glaubens und das Erreichen einer größtmöglichen Schönheit in den Bezeugungen der Größe Gottes stehen ebenfalls im Vordergrund. Es gilt also, dem Propheten in allen Bereichen zu folgen, das persönliche Leben zu hinterfragen und bewusst an seinem Beispiel zu orientieren, die vom Islam auferlegten Pflichten zu erfüllen und die Gegenwart Gottes in allen Taten und in allen Gedanken zu verwirklichen. In der islamischen Geschichte wurde Abu Haschim al-Kufi als erster "Sufi" genannt. Er starb im Jahre 767. Mit ihm entwickelte sich der Sufismus im 8. Jahrhundert europäischer Zeitrechnung, etwa hundert Jahre nach dem Tode des Propheten Muhammed (632), langsam als asketische Bewegung. Ziel des Sufismus ist, die Eigenschaften Gottes und sein eigenes Selbst zu kennen, d.h., sich seiner eigenen Armut und Bedeutungslosigkeit bewusst zu werden und in allen Dingen bescheiden zu sein. Sufismus bedeutet, ein erkenntnisreiches Leben voller Liebe und seelischer Sehnsüchte zu führen. Dafür muss man jedoch bis zu einem gewissen Grade den menschlichen Bedürfnissen entsagen und sich die Eigenschaften der Engel bzw. die Moral Gottes aneignen. Der Sufismus möchte alles beseitigen, was zwischen dem Menschen und Gott liegt: die Welt, die Gesellschaft der Menschen, vor allem sich selbst und alle seine Eigenschaften, das eigene Wollen und Erkennen. Nur wenn man sich aller dieser Dinge vollständig entledigt, kann man bis zum verborgenen Geheimnis Gottes vorstoßen und Gott intuitiv und direkt erkennen.

So viel zu den Pflichten eines Muslims, der dem Weg des Sufismus folgt. Nun sollen noch einige der wichtigsten Charaktereigenschaften dieser Muslime genannt und inhaltlich zusammenfassend erklärt werden:

11.1. Aufrichtigkeit und Wahrhaftigkeit

Aufrichtigkeit (*sidq*) ist der sicherste Weg, der zur Wahrheit (Gott) führt. Die Aufrichtigkeit ist die Seele und das Wesen von Handlung und Tat. Die Aufrichtigkeit ist der untrügerische Prüfstein gesunder Gedanken. Die Aufrichtigkeit ist auch eine Charaktereigenschaft des Propheten:

> *Gedenke im Buche Abrahams. Siehe, er war aufrichtig, ein Prophet.* (19:41)

Die Aufrichtigkeit unterscheidet den wahren Muslim vom Heuchler und die Bewohner des Paradieses von denen der Hölle. Laut Koran soll man auf Rechtschaffenheit in seiner Umgebung und im Freundeskreis achten und diese Eigenschaft suchen:

> *Seid mit den Wahrhaften.* (9:119)

Auf der ersten Stufe der Aufrichtigkeit hat der Mensch, der sich dem Sufismus widmet, dafür Sorge zu tragen, dass er untadelige Gedanken hat, die richtigen Entscheidungen anstrebt und sein Verhalten dementsprechend ausrichtet. Auf der zweiten Stufe möchte er nur deshalb auf der Welt leben, weil er der Wahrheit Geltung verschaffen und das Wohlgefallen Gottes erlangen möchte. Auf der dritten Stufe schließlich wird die Aufrichtigkeit vollkommen verinnerlicht. In jeder Handlung und in jeder Verhaltensweise verbindet sich dann die Natur des Menschen mit Treue und Beständigkeit. Dies wird mit folgender Wertschätzung, dem Rang des Wohlgefallens, das als die größte Stufe bezeichnet wird, zum Ausdruck gebracht: "Derjenige, der Gott als Herrn, den Islam als Religion und Muhammed als Propheten annimmt und sich mit ihnen begnügt." Gekrönt wird diese Charakteristik eines Menschen dann, wenn er mit der Herrschaft Gottes, der Annahme des Islam als System Gottes und der Ergebung in die Rechtleitung des Propheten Muhammed wirklich zufrieden ist. Ob man ein guter Muslim ist, macht der Koran davon abhängig, ob man von seinen Verhaltensweisen und Worten bis ins Innerste überzeugt ist und jede Handlung und jeden Gedanken aufrichtig und treu ergeben vollzieht.

11.2. Futuwwa

Futuwwa beinhaltet mehrere Bedeutungen. Sie lässt sich mit Großherzigkeit, Freigebigkeit, Ehrenhaftigkeit, Keuschheit, Treue, Mitleid, Wissen, Bescheidenheit und Aufrichtigkeit umschreiben. *Futuwwa* befolgt von jemandem, der den festen Willen besitzt, anderen Wohltaten zu erweisen, ist auch ein Zeichen gegen alles Schlechte, ein Zeichen des Protests und der aufrichtigen Frömmigkeit. Der Koran stellt diese gute Charaktereigenschaft des Muslim wie folgt dar: *Siehe, es waren Jünglinge, die an ihren Herrn glaubten, und Wir hatten sie gemehrt an Leitung. Und Wir hatten ihre Herzen gestärkt, als sie sich erhoben und sprachen: "Unser Herr ist der Herr der Himmel und der Erde, nimmer rufen wir außer Ihm einen Gott an; wahrlich, wir sprächen dann eine große Lüge aus."* (18:13-14) Der vierte Kalif Ali z.B. besaß die Charaktereigenschaft *futuwwa*. Ihm zufolge kann man die *futuwwa* in vier Bereiche unterteilen: 1) Vergeben, wo man in der Lage ist, dies zu tun; 2) im Moment der Wut und Gewalt mit Sanftmut handeln; 3) sogar über seine Feinde wohlwollend denken; 4) im Falle auch der eigenen Bedürftigkeit andere reichlich beschenken und an sie denken.

11.3. Brüderlichkeit *(ukhuwwa)*

Die Brüderlichkeit unter den Menschen genießt im Islam einen sehr hohen Stellenwert. Im Koran und in den Hadithen wird Folgendes über sie gesagt:

> *Und haltet insgesamt an Allahs Seil fest, und zerfallt nicht, und gedenkt der Gnade Allahs gegen euch, da ihr Feinde wart, und Er eure Herzen so zusammenschloss, dass ihr durch Seine Gnade Brüder wurdet; und da ihr am Rande einer Feuergrube wart, und Er euch ihr entriss.* (3:103)

> *Der Muslim ist der Bruder des Muslim. Er behandelt ihn nicht ungerecht und weist ihn nicht zurück. Wer seinem Bruder in der Not beisteht, dem steht Gott in seiner Not bei.*
> (Sammlung Bukhari)

> *Gott sagt: "Recht auf Meine Liebe haben diejenigen, die um Meinetwillen einander lieben, die um Meinetwillen in Gemeinschaft sitzen und die sich um Meinetwillen gegenseitig besuchen."* (Sammlungen Bukhari, Muslim)

> *Der Muslim ist derjenige, der den Muslimen weder mit seiner Zunge noch mit seiner Hand schadet. Der Gläubige ist derjenige, dem die Menschen ihr Blut und ihre Habe anvertrauen. Der Ausgewanderte ist derjenige, der sich von dem entfernt, was Gott verboten hat.* (Sammlungen Abu Dawud, Nasai)

> *Gott erbarmt sich der Barmherzigen. Seid barmherzig zu denen, die auf Erden sind, so wird Sich der eurer erbarmen, der im Himmel ist.* (Sammlungen Abu Davud, Tirmidhi)

11.4. Wohlgefallen *(ridâ)*

Wohlgefallen oder auch Zufriedenheit (*ridâ*) drückt aus, dass das Herz des Menschen von schlimmen Ereignissen nicht erschüttert wird und den Erscheinungen des Schicksals nicht unglücklich gegenüber steht. *Ridâ* bedeutet auch, dass man im Vertrauen auf die göttliche Fügung, den Ratschluss und das Handeln Gottes Bitterkeit, Härte und Unverständliches auf sich nimmt und alles genügsam im Herzen aufnimmt. Einige Rechtschaffene betrachten das Wohlgefallen als höchste Stufe nach dem Gottvertrauen (*tawakkul*) und dem Sich-Ergeben in Gottes Willen (*taslîm*).

Der Ursprung des Wohlgefallens, seine Ursache, ist vom Willen des Menschen abhängig. Das Erreichen eines Endpunkts des Wohlgefallens liegt hingegen im Ermessen Gottes. Gott allein entscheidet, ob der Mensch diesen Endpunkt erreicht. Darauf deutet insbesondere der folgende Hadith hin: *Derjenige, der Gott als Herrn, den Islam als Religion und Muhammed als Propheten annimmt und mit ihnen zufrieden ist, erlebt den seelischen (innerlichen) Genuss des Glaubens.* Zufrieden sein mit der Göttlichkeit des Erhabenen heißt, Ihn zu lieben, Ihm gegenüber ehrerbietig zu sein, sich Ihm zuzuwenden und Erwartungen nur von Ihm zu hegen. Mit der Herrschaft Gottes zufrieden zu sein impliziert, alles, was Er für uns vorherbestimmt hat, demütig anzunehmen. Mit der Gesandtschaft des Propheten zufrieden zu sein erfordert, dass man sich ihm ohne jeden Vorbehalt ergibt. Mit dem Islam zufrieden zu sein verlangt von uns, dass wir die Religion im individuellen, familiären, gesellschaftlichen und politischen Leben praktizieren. Dabei soll sich der Muslim vom Koranvers *Wer eine andere Religion als den Islam begehrt, nimmer soll sie von ihm angenommen werden* leiten lassen. (3:85) *Ridâ*, Wohlgefallen, ist daher sowohl im Diesseits als auch im Jenseits eine bedeutende Quelle des glücklichen Lebens. Andererseits bedeutet das aber nicht, dass derjenige, der Wohlgefallen erlangt hat, von Leiden und Unruhen befreit wird.

12. Rechtsquellen des Islam

Im Islam sind die so genannten "vier Rechtsquellen" maßgeblich: Koran, Sunna, übereinstimmende Meinung der Rechtsgelehrten (Konsens) und Analogieschluss. Daher ist es falsch, von Mohammedanern zu sprechen oder von Mohammedanismus, denn diese Bezeichnungen könnten zu dem Missverständnis führen, dass im Mittelpunkt dieser Religion ein Mensch stehe, der Macht ausübt. Der Islam kennt auch kein besonderes Priestertum u.ä.; alle Muslime sind gleichrangig.

Zum besseren Verständnis des Islam möchte ich diese grundlegenden Begriffe zusammenfassend erklären:

12.1. Der Koran

Der Koran ist das heilige Buch des Islam und bedeutet wörtlich "das oft Gelesene" oder "Rezitation". Der Koran gilt als das authentische Wort Gottes, das dem Propheten Muhammed in arabischer Sprache Wort für Wort erstmalig in der "Nacht der Vollmacht Gottes" im Monat Ramadan, dem neunten Monat des Mondjahres, durch den Engel Gabriel offenbart wurde. Alljährlich rief sich der Prophet den Wortlaut und die Reihenfolge der offenbarten Verse im Monat Ramadan erneut ins Gedächtnis, indem er sie vor dem Engel Gabriel noch einmal rezitierte. In dem Jahr, in dem er starb, rezitierte Muhammed den gesamten Koran sogar zweimal. Für die Originalität und die Bewahrung des Koran spielt dieser Vorgang eine bedeutende Rolle. Der Koran erhebt ausdrücklich den Anspruch, das Wort Gottes zu sein. Er stellt ausschließlich das Wort Gottes dar und ist nicht mit Aussprüchen oder Grundsätzen des Propheten vermischt.

Zu Lebzeiten Muhammeds pflegten seine Begleiter die verkündeten

Offenbarungen auswendig zu lernen, sorgfältig im Gedächtnis zu behalten oder auch schriftlich festzuhalten. Ausnahmslos alle Gefährten des Propheten kannten zumindest Teile des Koran, da diese während der gemeinsamen Gebete ständig rezitiert wurden. Auch vollständige Gesamtabschriften des Korantextes sind noch zu Lebzeiten des Propheten Muhammed entstanden. Zahlreiche Gefährten des Propheten fertigten diese an und trugen sie dem Propheten vor, damit er sich von der Richtigkeit der Niederschriften überzeugen konnte. Zur Zeit des ersten Kalifen Abu Bakr wurden die einzelnen Suren gesammelt, geordnet und in die abschließende Form eines Buches (*mushaf*) gebracht. Bis zu diesem Zeitpunkt waren die Suren u.a. auf Papyrus-Blätter niedergeschrieben worden und hatten sich an unterschiedlichen Orten befunden. Der dritte Kalif Uthman ließ den Koran sieben Mal vervielfältigen und in die Zentren des Islam schicken. Zwei der Original-Ausgaben befinden sich noch heute in Istanbul und in Taschkent.

Der Koran setzt sich aus 114 Suren (Kapiteln, Abschnitten) zusammen, die jeweils in Verse oder *ayat* (Zeichen) unterteilt sind. Der Koran behandelt im Wesentlichen die Themen Einheit (Gottes), Prophetentum, Auferstehung, Gerechtigkeit und Gebete. Der Koran ist nicht auf einmal, sondern ab 610 n. Chr. innerhalb von 23 Jahren offenbart worden. Dies geschah oft situationsadäquat, d. h. entsprechend den jeweiligen Notwendigkeiten und Offenbarungsanlässen (*asbâbun-nuzûl*). Die ersten 86 Suren, ca. zwei Drittel des Koran, wurden in Mekka (über 13 Jahre), die 86. bis 114. Sure in Medina (über 10 Jahre) offenbart. Zu berücksichtigen ist jedoch, dass die Reihenfolge der Suren im Koran nicht der Reihenfolge der Offenbarung dieser Suren entspricht. (Eine Aufstellung der Koransuren nach ihrer Offenbarung befindet sich im Anhang dieses Buchs.) Schwerpunktthemen der mekkanischen Suren sind vor allem Glaubensfragen und ethische Werte. Die in Medina offenbarten Suren beschäftigen sich hingegen insbesondere mit dem Gebet, den zwischenmenschlichen Beziehungen, gesellschaftlichen Handlungen, dem Umgang der Menschen untereinander und Krieg und Frieden. Im Allgemeinen werden in den Offenbarungen die psycho-sozialen

Bedingungen der individuellen und gesellschaftlichen Entwicklungen berücksichtigt. Die Gemeinschaft der Muslime unterlag insofern einem Entwicklungsprozess. So wurde z. B. das Fasten im Monat Ramadan im Jahre 624 (zwei Jahre nach der Hidschra) zur Pflicht. Die Regeln des Erbrechts wurden im Jahre 625 (drei Jahre nach der Hidschra) und die Pilgerfahrt im Jahre 631 (neun Jahre nach der Hidschra) eingeführt. Für die allmähliche Erziehung der Individuen und der Gesellschaft ist das *khamr*-Verbot (Alkoholverbot) beispielhaft: *Khamr* war zur damaligen Zeit sehr weit verbreitet. Darum beschäftigen sich vier Koranverse mit diesem Thema: Zunächst wird gesagt: *Und von den Früchten der Dattelpalmen und den Beeren macht ihr euch Rauschtrank und gute Speise. Wahrlich, darin liegt ein Zeichen für Leute, die einen Verstand haben.* (16:67) In Vers 2:219 heißt es dann: *Sie befragen dich über Berauschendes und Glücksspiel. Sprich: "In beiden liegt ein großes Übel."* Diese Verurteilung des Alkohols wird in Vers 4:43 noch einmal wiederholt: *O ihr, die ihr glaubt, nahet nicht dem Gebet, wenn ihr betrunken seid, bis ihr versteht, was ihr sprecht.* Schließlich wird der Genuss von Alkohol in Sure 5:90 endgültig verboten: *O ihr, die ihr glaubt! Berauschendes, Glücksspiel, Opfersteine und Lospfeile sind ein Greuel, das Werk Satans.*

12.2. Die Sunna

Sunna bedeutet "Weg", die Gewohnheit des Propheten Muhammed. Neben dem Koran ist die Sunna die zweitwichtigste Quelle islamischen Lebens. Die Sunna hat den Charakter einer ewigen zeitlosen Norm. Die Autorität der Sunna ist im Koran verankert, der von den Muslimen fordert, sich der Führung des Propheten Muhammed zu unterwerfen und ihm zu folgen: *Und gehorcht Allah und Seinem Gesandten!* (8:46). Die Muslime, die den vier anerkannten Rechtsschulen angehören (Hanafiten, Schafiiten, Hanbaliten, Malikiten), nennt man Sunniten oder auch "die Leute der Sunna und der Gemeinschaft" (*ahlus-sunna wal-dschamâa*). Neben den Rechtsquellen Koran und Sunna ist für sie die übereinstimmende Meinung der Rechtsgelehrten (der Gemeinschaft) bindend.

Die Sunna wurde in den Hadithen des Propheten Muhammed überliefert. Beim Hadith gibt es folgende Kategorien von Überlieferungen: die Aussprüche Muhammeds, seine Anweisungen, die Verordnungen, die er erlassen hat, die Feststellungen, die er getroffen hat, seine Wertungen und Stellungnahmen zu verschiedenen Fragen. Eine weitere Art von Hadithen nennt man *hadîth qudsi*. Dies sind die Worte, in denen eine Offenbarung von Gott zitiert wird, also eine außerkoranische Offenbarung.

Alle Hadithe werden in 3 Hauptkategorien eingeteilt:

1. echte, authentische (*sahîh*),
2. schöne (*hasan*),
3. schwache (*daîf*).

Die echten Hadithe müssen folgende Bedingungen erfüllen:

Der Gewährsmann muss

1. in Bezug auf seinen Glauben und sein Verhalten tadellos sein;
2. vertrauenswürdig sein und unvoreingenommen urteilen können;
3. gewährleisten können, dass er den überlieferten Inhalt richtig verstanden und wiedergegeben hat und
4. mehr als nur einen Hadith überliefert haben.

Der Hadith selbst muss

1. eine lückenlose Kette von Gewährsmännern aufweisen,
2. ausdrücklich feststellen können, dass Muhammed dies oder jenes gesagt oder getan hat und
3. einen Inhalt haben, der in die Zeit der Frühgemeinde hineinpasst.

Als Richtlinien für die Echtheit eines Hadith gelten:
Ein Hadith darf nicht

1. im Widerspruch zu irgendeiner Stelle des Koran stehen,

2. gegen die Sunna des Propheten Muhammed verstoßen,
3. historischen Tatsachen widersprechen,
4. vernunftwidrig sein oder gegen die offenkundigen Lehren des Islam verstoßen.

Die wichtigsten Hadith-Sammlungen (38 Bände) sind:

Bukhari, Sahîh (Bukhari: 810-870)
Muslim, Sahîh (Muslim: 817/821-875)
Abu Dawud, Sunan (Abu Dawud: 817-888)
Tirmidhi, Sunan (Tirmidhi: 815-892)
Nasai, Sunan (Nasai: 830-915)
Ibn Madscha, Sunan (Ibn Madscha: 824-886)

Grundvoraussetzung einer Beschäftigung mit der Sunna ist die Kenntnis der Biografie des Propheten.

12.3. Der Konsens *(idschmâ)*

Der Konsens *(idschmâ)* bezeichnet die Übereinstimmung der Rechtsgelehrten, die nach dem Tod des Propheten Muhammed bei der Feststellung einer bestimmten praktischen Rechtsvorschrift zum Tragen kommt. Die Mehrheit der sachkundigen und kompetenten Gelehrten schreibt der Übereinstimmung einen bindenden und verpflichtenden Charakter zu. Die Gelehrten berufen sich dabei auf die überlieferten Aussagen und Handlungen des Propheten.

Auch der Koran (4:59-83) betont den hohen Stellenwert der Gemeinschaft und bestätigt somit die fundamentale Wichtigkeit der übereinstimmenden Meinung qualifizierter Gelehrter.

12.4. Der Analogieschluss (*qiyâs*)

Der Analogieschluss (*qiyâs*) ist das System analoger Deduktionen auf der Grundlage von Koran, Sunna und übereinstimmender Meinung der sachkundigen Rechtsgelehrten. Die Analogie führt dadurch zur Festlegung der anzuwendenden Rechtsnorm, dass sie in den Grundlagen des Gesetzes Vorschriften oder Entscheidungen ausfindig macht, die eine Ähnlichkeit mit dem vorliegenden Fall aufweisen und damit ihre Anwendbarkeit im vorliegenden Fall rechtfertigen.

Um die Methode des Analogieschlusses zur Anwendung bringen zu können, müssen folgende Bedingungen erfüllt sein:

1) Der Gegenstand, der geprüft wird, muss allgemeingültig sein. Es darf sich nicht um einen Sonderfall handeln.
2) Der Prüfende muss mit dem zu überprüfenden Gegenstand vertraut sein.
3) Die Entscheidung, die letztlich gefällt wird, muss sich auf den Koran, auf Hadithe oder auf die übereinstimmende Meinung der Rechtsgelehrten (*idschmâ*) stützen.
4) Die Entscheidung darf dem Koran und den Hadithen nicht widersprechen.

Man unterscheidet zwei Arten von *qiyâs:*

1) *Qiyâs dschâli* (evidenter Analogieschluss): Wein zum Beispiel wird im Koran als *khamr* (berauschende Substanz) bezeichnet und verboten. Daraus geht eindeutig hervor, dass auch Rauschmittel wie Opium und andere Drogen verboten sind.
2) *Qiyâs khâfi* (verborgener Analogieschluss): In den Hadithen findet sich die Vorschrift, dass jemand, der vierzig Ziegen besitzt, eine von ihnen als Sozialabgabe hergeben muss. Für viele mittellose Menschen kann es jedoch hilfreicher sein, wenn sie Geld bekommen. Folglich darf der Gegenwert der Ziege auch als Geldbetrag gespendet werden.

13. Theologische Schulen und Rechtsschulen im Islam

Die Ausarbeitung des Rechtssystems führte zur Herausbildung verschiedener Rechtsschulen im Islam. Ihre Entstehung und Entwicklung verdanken sie einer inneren Dynamik aus

- tiefer Kenntnis über die gesellschaftlichen, kulturellen, wirtschaftlichen und politischen Verhältnisse der jeweiligen Zeit und Umwelt,
- der Aufgeschlossenheit gegenüber den daraus entstandenen Problemen,
- der Fähigkeit, wissenschaftliche Grundsätze zu postulieren, die es ermöglichen, aus den Primärquellen, Koran und Sunna, immer wieder neue Lösungsmöglichkeiten zu erschließen und jeweils Antworten auf neue Zeitfragen zu finden.

Die heute noch von der Anhängerschaft her bedeutendsten Rechtsschulen sind:

1- die hanafitischeSchule (benannt nach Abu Hanifa, 699-767);
2- die malikitische Schule (nach Malik ibn Anas, 715-795);
3- die schafiitische Schule (nach asch-Schafi'i, 767-820);
4- die hanbalische Schule (nach Ahmad ibn Hanbal, 780-855).

Diejenigen, die zu einer dieser vier anerkannten Rechtschulen (Hanafiten, Schafiiten, Hanbaliten, Malikiten) gehören, nennt man Sunniten. Die Sunniten, die den Rechtsgelehrten und Hadithwissenschaftlern, die der Rechtschule der Gefährten des Propheten Muhammed und der Nachfolgegeneration der Gefährten angehören, nachfolgten, teilen sich in zwei Gruppen: Maturidiyya und Asch'ariyya.

Zu Lebzeiten des Propheten Muhammed war der Koran die einzige Quelle des Islam. Aber auch die Aussprüche und Lebensweise des Propheten selbst waren grundlegend für die Rechtsnormen, die die damaligen Muslime in all ihren Lebensbereichen brauchten. Nach dem Tode des Propheten waren die rechtschaffenen Kalifen Abu Bakr, 'Umar, Uthman und Ali sowie die Gefährten des Propheten die führenden Persönlichkeiten der islamischen Gesellschaft. Zur Lösung der alltäglichen Probleme erließen sie Rechtsnormen für alle Lebensbereiche. Der Islam breitete sich sehr schnell vom Vorderen Orient bis nach Nordafrika aus. Die Menschen, die ihn als neue Religion annahmen, hatten nicht nur Fragen zu Glaubensinhalten, sondern wollten auch erfahren, wie sie sich in ihrem Alltag verhalten sollen. Im Laufe der Zeit bildeten sich einige Schulen heraus, die sich hauptsächlich mit Glaubensfragen beschäftigten, und andere - Rechtsschulen - die sich mit dem Bereich des praktischen Handelns befassten. Die beiden führenden theologischen islamischen Schulen und ihre Gründer sollen hier ebenso dargestellt werden wie die vier sunnitischen Rechtsschulen. Im Anschluss werden einige Worte zu den von den sunnitischen Rechtsschulen abweichenden Schulen folgen.

13.1. Die theologischen Schulen

13.1.1. Imam Maturidi (Muhammed Abu Mansur)

Imam Maturidi wurde im Jahre 893 im Dorf Maturid in Samarkand geboren und starb im Jahre 941 in Samarkand. Er war ein Religionswissenschaftler, der der hanafitischen Rechtsschule angehörte, daher stieg er zum Imam dieser Schule in Glaubensfragen auf. Sein Lebenswerk schuf die Grundlage für den sunnitischen Glauben, wie wir ihn heute kennen. Die meisten türkischen Muslime bekennen sich heute zur hanafitischen Rechtsschule. In Glaubensfragen bezeichnen sie sich als Maturiditen. Neben seinen Korankommentaren hinterließ uns Maturidi sein bedeutendes Werk "*kitab al ahadiyya*" (Buch der Einheit).

13.1.2. Imam al-Asch`ari (Abul-Hasan)

Ali Ibn Ismail al-Asch`ari wurde im Jahre 873 in Basra geboren und starb 935 in Bagdad. Er ist der Begründer der ascharitischen Glaubensschule. Seine Gedanken in Glaubensfragen verbreiteten sich zur Zeit der Ayyubiden besonders in Ägypten und Damaskus, später auch in Nordafrika, sodass die Mehrheit der Bevölkerung jener Länder sich schließlich auf ihn berief. Imam Asch`ari verfasste 55 Werke, u.a. *al-mu'dschiz, idâhul-burhân, tafsîrul-qur'ân.*

13.2. Die Rechtsschulen im Islam

Die islamischen Rechtsschulen entwickelten sich als unterschiedliche Antworten auf die unterschiedlichen Lebensbedingungen der Menschen in der damaligen Zeit. An verschiedenen Orten entstanden Gruppierungen, die das islamische Recht unterschiedlich auslegten. Die Rechtsschulen, die aus diesen Gruppierungen hervorgingen, tolerieren einander und stehen gleichberechtigt nebeneinander. Die heute bedeutendsten sind die vier sunnitischen Rechtsschulen, nämlich die hanafitische, malikitische, schafiitische und hanbalitische. Dem Muslim ist angeraten, einer der Rechtsschulen zu folgen, da sie sich an der Sunna des Propheten Muhammed orientieren.

13.2.1. Die hanafitische Rechtsschule

Die Schule beruft sich auf ihren Gründer Abu Hanifa, Nu'man ibn Thabit, der im Jahre 697 in Kufa geboren wurde. Er stammt ursprünglich aus Persien und war Zeitgenosse der Prophetengefährten Anas ibn Malik, Abdullah ibn Abi Awfa und Sahl ibn Sa'd as-Sa'idi, mit denen er jedoch keinen Kontakt pflegte. Er war Zeitzeuge der Dynastien der Umayyaden und der Abbasiden.

Durch sein umfangreiches Fachwissen und seinen Scharfsinn war Abu Hanifa in Fragen des islamischen Rechts eine anerkannte Autorität.

Seine Kompetenz brachte ihm den Ehrentitel "der große Imam" (der größte führende Rechtsgelehrte) ein. Er war der Erste, der die Rechtswissenschaft theoretisch systematisierte. Er verfasste Bücher über religiöse Pflichten und die Rahmenbedingungen, in denen die Menschen diesen Pflichten nachkommen sollten. Seine Gedanken lehrte er vielen Schülern. Neben dem Koran pflegte er nur diejenigen Hadithe als beweiskräftig zu akzeptieren, die zweifelsfrei authentisch waren. Er verstarb im Jahre 767 in Bagdad.

Imam Abu Yusuf und Imam Muhammed asch-Schaibani, seine begabtesten Schüler, überlieferten seine Lehre der Nachwelt und entwickelten aus ihr die hanafitische Rechtsschule. Abu Yusuf (729-798) war Richter in Bagdad. Unter dem Abbasiden-Kalifen Harun ar-Raschid (786-809) wurde er zum Oberrichter des Reiches ernannt und mit der Berufung der Richter in den islamischen Gebieten beauftragt. Dies ermöglichte ihm, die Lehre Abu Hanifas zu verbreiten und sie zur Grundlage der praktischen Rechtsprechung zu machen.

Imam Muhammed asch-Schaibani (737-804) hat ebenfalls viel zur Gründung der hanafischen Rechtsschule beigetragen und die Grundlagen der Schule in sechs Werken dargelegt.

Die hanafitische war die führende Rechtsschule im Irak unter den Abbasiden. Auch im osmanischen Reich behielt sie ihre Vorrangstellung. Sie ist heute in der Türkei, Syrien, dem Libanon, Jordanien und für die Sunniten im Irak maßgeblich. Ihr Ausdehnungsgebiet reicht im Osten bis nach Afghanistan, Pakistan, Indien, China und Zentralasien. Die meisten Muslime weltweit gehören heute der hanafischen Rechtsschule an.

13.2.2. Die malikitische Rechtsschule

Der Gründer dieser Schule ist Malik ibn Anas, der im Jahre 715 in Medina geboren wurde. Er gehört zur Nachfolgegeneration der Prophetengefährten. Ibn Anas eignete sich ein so großes Fachwissen in den religiösen Wissenschaften Recht, Hadith und *tafsîr* (Auslegung des Koran) an, dass sich selbst seine Lehrer bei einigen fachspezifischen Themen an ihn wandten. Um bindende Rechtsnormen zu erlassen, verließ er sich auf das eigene Urteil und auf den gesunden Menschenverstand. Zeit seines Lebens blieb er in Medina, wo er 795 verstarb. Er hinterließ das älteste Rechtsbuch der islamischen Geschichte: al-muwatta, in dem er die Grundsätze und die Richtung seiner Schule festhielt. Die malikitische Rechtsschule, findet heute besonders in den Ländern Nordafrikas Zuspruch.

13.2.3. Die schafiitische Rechtsschule

Der Rechtsgelehrte Muhammed asch-Schafi'i wurde im Jahre 767 in Ghazza geboren, verbrachte aber seine Kindheit in Mekka. Er ist der bedeutendste Theoretiker des islamischen Rechts. Im Alter von 20 Jahren ging er nach Medina und studierte dort bei Imam Malik islamisches Recht. Anschließend unternahm er viele Reisen nach Arabien, in den Irak und nach Ägypten. In den Bereichen Recht, Hadith und Literatur verfügte er über das umfangreichste Wissen seiner Zeit. Trotzdem führte er ein sehr bescheidenes Leben. Im Alter von 54 Jahren verstarb er 820 in Kairo.

Asch-Schafi'i bemühte sich, zu allen Rechtsfragen Stellung zu nehmen und seine eigene Meinung einzubringen. Die bis dahin entwickelten Rechtsnormen stellten ihn nicht zufrieden. Während die Malikiten eine konservative Linie vertraten und sich streng an die Tradition hielten, die Hanafiten dagegen die Möglichkeit bejahten, neue Gesetze zu erlassen, neue Rechtsnormen zu entwickeln und dabei das eigene Urteil für maßgeblich halten, versuchte asch-Schafi'i, einen Mittelweg zu finden. Er bekannte sich zur Wichtigkeit der Übereinstimmung der Rechtsgelehrten und sprach sich dafür aus, die Möglichkeit der Rechtsfindung durch Analogieschluss (*qiyâs*) strenger zu handhaben. Dabei entwickelte er (in seinem Hauptwerk *kitâb al-umm*) ein eigenes Rechtssystem. In seinem Werk *kitâb ar-risâla* analysierte er die Methoden der Rechtsprechung und die Grundsätze des Rechtswesens.

Auch die beiden wertvollen Werke über Hadithe namens *as-sunan* und *al-musnad* verdanken wir ihm. Während die schafiitische Rechtsschule zur Zeit der Abbasiden in Ägypten, Damaskus, dem Irak, dem Iran und Khorasan viele Anhänger fand, wird sie heute nur noch in Ägypten, Jordanien und Indonesien befolgt.

13.2.4. Die hanbalitische Rechtsschule

Die Schule der Hanbaliten beruft sich auf die Lehren und Prinzipien, die der Hadithsammler, Theologe und Rechtsgelehrte Ahmad ibn Hanbal hervorgebracht hat. Sein Vater stammte aus Merw (im heutigen Turkmenistan) und wanderte mit seiner Frau nach Bagdad aus, wo Ibn Hanbal im Jahre 780 geboren wurde. Dort studierte er Recht, Hadithwissenschaft und Lexikographie. Um sich dem Sammeln von Hadithen zu widmen, unternahm er mehrere Reisen nach Mekka, Medina, Damaskus, Yemen, Basra und Kufa. Ibn Hanbal war einer der Schüler von Imam asch-Schafi'i. Nachdem Abu Yusuf verstarb und Imam asch-Schafi'i nach Ägypten ging, wurde er zum größten Hadith- und Rechtswissenschaftler in Bagdad. Unter den Werken Ibn Hanbals ist das berühmteste seine Hadith-Sammlung mit dem Titel *al-musnad*. Ibn Hanbal lebte in Übereinstimmung mit seinen Lehren sehr bescheiden und verstarb im Jahre 855 in Bagdad.

Ibn Hanbal spricht sich gegen die Bemühung um die Bildung eines eigenen Urteils aus, weil dies zu Innovation und Willkür führe. Auch der Analogieschluss findet nur unter Einschränkungen seine Zustimmung. Was die Erfüllung der religiösen Pflichten betrifft, sind für ihn nur diejenigen Praktiken gestattet, die von Koran und Sunna vorgeschrieben werden.

Heute ist die hanbalitische Rechtsschule vor allem in Saudi-Arabien, in einigen Staaten am Persischen Golf und überall dort von Bedeutung, wo sich der saudi-arabische Einfluss bemerkbar macht.

13.3. Die von den sunnitischen Rechtsschulen abweichenden Schulen

13.3.1. Die Mu'tazila

Die Schule der Mu'tazila ist eine rationalistisch-spekulative Philosophieschule des 8. Jahrhunderts, die die Willensfreiheit des Menschen in den Vordergrund stellt und sich mit der Aussage "Der Diener ist der Schöpfer seiner Tat" von den anderen Rechtschulen trennte. Man bezeichnet sie auch als eine Gruppierung von Menschen, die vom Wege abgekommen sind. Die Schule der Mu'tazila wurde von Wasil ibn Ata, einem Schüler von Hasan al-Basri gegründet. Später nahm er von seinen eigenen Ideen Abstand. Die Philosophie der Mu`tazila wird auch als Qadariyya bezeichnet, denn ihre Anhänger glauben nicht an die Vorherbestimmung. Die wichtigste Glaubensthese dieser Gruppe ist, dass sie die Attribute Gottes leugnen. Die Mu'tazila ist in 20 Untergruppen zersplittert.

13.3.2. Die Schiiten

Infolge der weiten Verbreitung des Islam nahmen immer mehr Menschen die neue Religion an. In allen Provinzen traten in der Folgezeit spezifische Probleme auf, deren Lösung nicht direkt dem Koran zu entnehmen war. Daher widmeten sich schon sehr früh einige Rechtsgelehrte der Deutung des Koran und trugen ihr Wissen selbst in die entlegensten Regionen. In den Anfängen des Islam hatten die "rechtgeleiteten" ersten vier Kalifen und die Gefährten des Propheten Muhammed die islamischen Gemeinden geführt und rechtliche Normen erlassen. Die Zeitzeugen des Propheten und die Mitglieder der islamischen Frühgemeinde hatten eine besondere Autorität besessen. Ihre Standpunkte in religiösen Fragen und ihre Überzeugungen in Bezug auf Normen des gesellschaftlichen Lebens behielten daher auch in späteren Zeiten ihre Gültigkeit. Schon zu jener Zeit wurden die Muslime verstärkt mit Umständen und Rechtsfällen konfrontiert, die durch das Heranziehen der bisher einzig maßgeblichen Quellen Koran und Sunna kaum gelöst werden konnten. Unter den Umayyaden (661-750) verschärfte sich dieses Problem noch weiter. Im Laufe der Zeit wurden daher Rechtsnormen, Institutionen und juristische praktische Maßnahmen übernommen und zur Anwendung gebracht, die in den eroberten Gebieten herrschten und nicht in Widerspruch zu den Grundprinzipien des Islam standen. In diese Zeit fällt auch die Abspaltung der Gruppe der Schiiten von der übrigen Gemeinde. Der Grund für diese Spaltung lag in den Meinungsverschiedenheiten über die Regelung der Nachfolger Muhammeds. Für die Schiiten (*die schiat Ali* - Partei Alis) stand fest, dass der Nachfolger Muhammeds, der Kalif, und damit die führende Persönlichkeit der islamischen Gemeinschaft, ein enger Angehöriger des Propheten, also ein Mitglied seiner Familie sein musste. Dies traf aber nur auf Ali zu. Die Schiiten betrachteten also die ersten drei Kalifen als unrechtmäßige Nachfolger des Propheten. Innerhalb der Schia bildeten sich im Laufe der Zeit eigene Rechtsschulen heraus. Die wichtigste unter ihnen ist die Rechtsschule der Dscha'fariten.

Neben dem Grundsatz, dass die Abstammung von Muhammed die Grundvoraussetzung für die Übernahme des Kalifenamtes ist, ist für die Schiiten besonders wichtig, dass ein Imam, eine Autorität innerhalb der islamischen Gemeinschaft, eingesetzt werden muss. Dieser Imam steht in der Nachfolge von Ali. Er stellt praktisch eine unfehlbare Instanz dar, der sogar das Freisein von Sünden bescheinigt wird.

Die wichtigsten schiitischen Untergruppen sind die *Zaiditen*, die nur fünf Imame aus der direkten Nachkommenschaft Alis als rechtmäßig anerkennen, die *Imamiten,* die zwölf legitime Imame akzeptieren, die Ismailiten, die nur sieben Imame kennen und die keinen Wert auf die Blutsverwandschaft der Imame mit dem Propheten legen, die *Nusairiten* oder *Alewiten*, die die Person Alis vergöttlichen.

Diese Alewiten, die vor allem in Nordwestsyrien leben, unterscheiden sich jedoch von den Alewiten Anatoliens:

13.3.3. Alewiten (arab.: *ahl al-bayt*)

Die Entstehung des Alewitentums wird ebenfalls auf die Streitigkeiten zurückgeführt, die nach dem Tode des Propheten Muhammed ausbrachen, sich immer weiter vertieften und mit der Ermordung von Husain, dem Sohn Alis und Enkel des Propheten, in Kerbela schließlich die Spaltung der Muslime zur Folge hatten. Damals hatte sich - wie schon erwähnt - die Partei Alis, die Schia, herausgebildet. Sie beharrte darauf, dass das Kalifat, die rechtmäßige Nachfolge des Propheten, Ali gebühre. Aus dieser Gemeinschaft von Muslimen ging im Laufe der Zeit auch das Alewitentum als eigene politische, kulturelle und religiöse Gruppe hervor. Entgegen der weit verbreiteten Auffassung spielten die für die Spaltung relevanten Faktoren für die Entstehung des Alewitentums also keine direkte Rolle. Weder die Zeit, zu der der Begriff "Alewiten" erstmals verwendet wurde, noch die Glaubensprinzipien der Alewiten, weder historische Erfahrungen, noch schriftliche Dokumente oder die traditionelle Kultur (*samâh,* Gottensdienst, usw.) der Alewiten geben darüber Aufschluss, dass das Alewitentum aus der Zeit des Propheten und seiner unmittelbaren Nachfolger hervorgegangen ist.

Historisches Faktum ist, dass das Wort "Alewitentum" erstmals im 10. Jahrhundert gebraucht wurde, nachdem die Türken den Islam angenommen hatten. Zu Beginn des 16. Jahrhunderts wurde es durch die Propaganda der Safawiden in osmanischen Gebieten weiter verbreitet. Anhänger Alis bezeichnete man zu jener Zeit ausschließlich mit dem Wort "Schi'a", Partei, Anhängerschaft, Gemeinschaft, bzw., wie schon erwähnt, mit dem Begriff "Schi'at Ali".

Betrachtet man heute die von Alewiten vertretenen Glaubensinhalte sowie auf ihnen beruhende und im Gottesdienst angewandte Rituale wie *samâh, ayin* usw., wird man diese schwerlich mit dem Islam vereinbaren können. Vor allem das Leben des Propheten und das der ihm nachfolgenden vier Kalifen bieten keine unterstützenden Dokumente oder Quellen, die dem alewitischen Glauben eine legitime

Grundlage geben könnten. Dies gilt auch und gerade für das Leben von Ali, auf den sich die Alewiten ja eigentlich berufen. Die Glaubensprinzipien der Alewiten wie Reinkarnation, die Trinität Wahrheit-Muhammed-Ali und ihre Feierlichkeiten wie das Newroz-Fest haben weniger Ähnlichkeit mit dem vom Propheten und seinen Gefährten vertretenen Islam, als vielmehr mit vorislamischen Kulturen. Man kann sagen, dass dieses Alewitentum ein rein türkisches Phänomen ist.

Bei der Entstehung des Alewitentums spielten u.a. die Nomaden-Türken, die ungefähr im 10. Jh. den Islam annahmen, eine Rolle. Sie passten diese neue Religion ihrem alten Glauben an und behielten den Kult der Himmels- und Naturgötter und den Vaterkult bei. Ihr Glaube war vor dem Islam von Religionen wie Schamanismus, Zoroastrismus und Manichäismus beeinflusst worden, die sie in ihre sozio-ökonomischen Struktur eingliederten.

Da sich Alewiten heute noch im Hinblick auf ihre grundlegenden Prinzipien und auf das eigene Selbstverständnis als der Schia nahe stehend bezeichnen, sollten wir der Frage nachgehen, wie das Verhältnis von Alewitentum und Schia ist, wie und warum schiitische Elemente für das Alewitentum charakteristisch sind. Ahmet Yasar Ocak, der sich seit langem mit dieser Thematik befasst, sagt dazu Folgendes: "Ab der zweiten Hälfte des 15. Jahrhunderts wurden die halbnomadischen Turkmenen von der zentralistischen Regierung Mehmets II. dazu gezwungen sich niederzulassen. Zunächst hatten sie dieser Politik erbittert Widerstand geleistet, waren dann aber unter Druck geraten und entsprechend empfänglich für Vorstellungen, die auf dem Kommen eines Retters beruhen. Ihn fanden sie schließlich in Schah Ismail, von dem sie sich erhofften, er möge sie aus der Tyrannei der Osmanen befreien. Anscheinend ist es Schah Ismail sehr gut gelungen, in der Atmosphäre des Glaubens und der Lebensweise der Turkmenen den Kult um die Trauer von Kerbela als ein Mittel zur Rache am tyrannischen osmanischen Yezid (dem Mörder Alis) einzusetzen. Andererseits gelang es ihm auch, den Göttlichkeitskult um die Person Alis und die Theorie von den zwölf Imamen im

Alewitentum zu verankern. Das Alewitentum kann also als Volksislam bezeichnet werden, der unter bestimmten historischen Verhältnissen mit der Annahme des Islam durch die Türken entstanden und daher ein Erbe der Geschichte ist. Bewertet man das Alewitentum in diesem Rahmen, stellt man fest, dass es mit der historischen Person Alis nichts zu tun hat. Denn auch wenn Ali gar nicht gelebt hätte, gäbe es wahrscheinlich eine Form des Islam, die dem Alewitentum sehr nahe käme und ähnlich wie dieses auf Legenden und traditioneller Kultur beruht."

Anhänger der hier beschriebenen, stark vom Islam abweichenden Glaubensprinzipien bezeichnen sich selbst als Alewiten. Hier besteht jedoch die Gefahr einer Verwechslung mit den Alewiten, von denen schon im Koran die Rede ist. Mit dem Begriff '*ahl al-bayt*' werden dort die nächsten Angehörigen des Propheten Muhammed (seine Tochter Fatima, sein Schwiegersohn Ali sowie seine Enkel Hasan und Husain) bezeichnet. Schon der Prophet hatte vorausgesagt, dass die *ahl al-bayt* in der islamischen Welt einem Baum aus Licht gleichen würden und dass die meisten Persönlichkeiten, die in allen Bereichen der islamischen Welt den Islam verbreiten werden, von den *ahl al-bayt* abstammen würden. In einem Hadith heißt es: *Ich lasse euch zwei Dinge. Wenn ihr ihnen folgt, werdet ihr errettet: das erste ist das Buch (der Koran) und das andere sind die ahl al-bayt. Denn die ahl al-bayt sind Quelle und zugleich Beschützer der Sunna.* Die Sunniten, die Mitglieder der islamischen Gemeinschaft, betonen, dass Ali zwar der vierte der rechtgeleiteten Kalifen sei, sind aber der Auffassung, Abu Bakr sei als erster Kalif noch geeigneter gewesen. Die Anhänger der Schi'a, die Schiiten, dagegen behaupten, Ali habe das Recht zugestanden, erster Kalif zu werden. Ihm sei Unrecht zugefügt worden. Die Tatsache, dass Ali die drei Kalifen vor ihm über 20 Jahre hinweg mehrmals mit Rat und Tat unterstützt hatte, widerlegt diese These der Schi'a jedoch. Auch die Verbreitung des Islam und die Kämpfe gegen seine Feinde zur Zeit der Kalifen vor Ali sowie die Ereignisse zur Regierungszeit Alis sprechen gegen die Lehren der Schi'a. Die Schi'a lässt sich in Anhänger Alis, die sein symbolhaftes islamisches Leben verehren, und in Befürworter des Kalifats Alis einteilen. Bei der zweiten Gruppe dominieren die politischen Interessen.

Was die Person Alis betrifft, ist seine persönliche Vollkommenheit und Stellung hoch einzuschätzen. Die Liebe zu Ali und seine Erhöhung, die ihn über alle anderen Menschen erhebt, ist jedoch übertrieben. Sie darf keinesfalls zu einer Beleidigung der Kalifen vor ihm führen und muss sich an islamischen Maßstäben orientieren. So hatten ja auch viele sunnitische Rechtsgelehrte wie Abu Hanifa und Schafii eine tiefe innere Beziehung zu Ali.

14. Die islamische Geschichte

14.1. Die vorislamische Zeit (die Zeit vor der Prophetenschaft Muhammeds)

Die Zeit vor dem Islam wird als "Zeitalter der Unwissenheit" (*Dschâhiliyya*) bezeichnet. Damals galt das Recht des Stärkeren. Sklaven wurden wie Waren ge- und verkauft. Mädchen wurden zum Teil lebendig begraben, da nur die Geburt eines Jungen zählte. Frauen hatten keinerlei Rechte. Unzucht und Unmoral waren so weit verbreitet, dass einige Kinder nicht wussten, wer ihre Väter sind. Die Menschen hatten unter Wucherzinsen zu leiden. Nur eine Religion konnte die Aufgabe angehen, alles Übel dieser degenerierten Gesellschaft zu beseitigen und die Menschen zu wahrer Menschlichkeit zu erziehen. So sandte Gott der ganzen Menschheit durch den Propheten Muhammed den Islam als die letzte Religion.

In der vorislamischen Zeit glaubten die Araber an Götzenbilder, die sie selbst hergestellt hatten. Die bekannteste und größte Gottheit war Hubal, der in der Ka`ba ausgestellt war. Andere Götter hießen Lat, Uzza und Manat, von denen sich die Herrscher besonderen Beistand für die Aufrechterhaltung ihrer Macht erhofften. Der Götzenglaube war auf der ganzen Arabischen Halbinsel verbreitet. Daneben gab es jedoch auch Menschen, die den Glauben an Götzen verurteilten und stattdessen die alte Religion Abrahams befolgten. Diese nannte man "*Hanifen*". Sie zeichneten sich dadurch aus, dass sie

- Respekt vor Ka`ba hatten,
- die Pilgerfahrt vollzogen,
- Opfertiere schlachteten und
- keine Götzen anbeteten.

Die Hanifen waren weder vom Judentum noch vom Christentum beeinflusst, die beide in diesen Breiten keine Chance hatten. Mekka war immer eine Stadt der Götzenanbeter geblieben, in der kein Platz für andere Religionen war.

14.2. Das Leben des Propheten Muhammed

14.2.1. Kindheit und Jugend

Die Menschen lebten also damals in einer Gesellschaft, die von vielen individuellen und gesellschaftlichen Problemen geprägt war. Den Armen und Schwachen schenkte man keine Beachtung; man behandelte sie ungerecht und unterdrückte sie rücksichtslos. In dieser Situation schickte Gott Seinen Propheten Muhammed.

Muhammed bedeutet wörtlich "Verherrlichter", "Gepriesener". Er wurde im Jahre 571 in Mekka als Sohn des Abdullah und der Amina geboren und ist einer Nebenlinie des Stammes der Quraisch zugehörig. Schon mit jungen Jahren wurde er zum Waisen und zunächst von seinem Großvater Abdulmuttalib, dann von seinem Onkel Abu Talib, dem Vater des späteren Kalifen Ali, aufgezogen. Da sein Onkel arm war, hütete er dessen Herde und begleitete ihn gelegentlich auch mit einer Karawane nach Syrien. 17 Jahre, nachdem er zu seinem Onkel gekommen war, nahm er (25-jährig) als Führer an einer Karawane der reichen älteren Kaufmannswitwe Khadidja nach Damaskus teil. Noch im selben Jahr heiratete er sie und hatte mit ihr mehrere Kinder, u.a. die Tochter Fatima, die einzige der Kinder Muhammeds mit eigenen Nachkommen. Seine Söhne Kasim und Abdullah starben früh. Drei weitere Töchter hießen Zaynab, Ruqayya und Umm Kulthum.

Muhammed genoss, schon bevor er zum Propheten berufen wurde, das Vertrauen seiner Mitmenschen. Selbst die schwierigsten Probleme löste er mühelos, wie das folgende Beispiel belegt:

Auch schon vor dem Islam war die Ka`ba das religiöse Zentrum der unterschiedlichen arabischen Stämme. Eines Tages - Muhammed war ca. 35 Jahre alt - hatte eine starke Überschwemmung große Schäden an der Ka`ba angerichtet. Kurze Zeit später war obendrein ein Feuer ausgebrochen, das das Heiligtum nahezu vollständig zerstört hatte. Es musste also abgerissen und wieder neu aufgebaut werden. Man hatte bis zu dem Grundstein, den Abraham gelegt hatte, alle Aufbauten beseitigt und wollte nun den Wiederaufbau einleiten. Dafür musste aber zunächst der heilige Schwarze Stein zurück auf seinen Platz gelegt werden. Nun entbrannte ein heftiger Streit. Jeder Stamm beanspruchte für sich, diese ehrenhafte Aufgabe vollbringen zu dürfen. Als bereits die Schwerter gezückt wurden, schlug jemand, der gerade die heilige Moschee betreten hatte, vor, man solle doch einen Schiedsrichter bestimmen.

In dem Moment näherte sich Mohammed. Stimmen wurden laut: "Da kommt *al-Amin* (der Vertrauenswürdige), nehmen wir ihn doch als Schiedsrichter!" Niemand hatte einen Einwand, und man erklärte ihm, worum es ging. Da entledigte er sich seines Gewandes und breitete es auf dem Boden aus. Er legte den schwarzen Stein darauf und forderte die Stämme auf, jeweils einen Vertreter zu benennen, der einen Zipfel des Gewandes ergreifen sollte. So hoben sie den Stein gemeinsam an und trugen ihn zu seinem Bestimmungsort. Dort entnahm ihn Muhammed dem Gewand und setzte ihn an seinen Platz, womit das Problem auf friedliche Art und Weise gelöst war.

14.2.2. Die Berufung Muhammeds zum Propheten

Muhammed war gerade 40 Jahre alt, als er mit der Prophetenschaft beauftragt wurde. Anfangs fühlte er sich ganz einfach ein wenig merkwürdig. Er begann, sich von den Menschen zurückzuziehen und die Einsamkeit zu suchen. Als ihm klar wurde, dass er sich gegen diese Gefühle nicht zur Wehr setzen konnte und dass er in Gegenwart seiner Frau und in seiner gewohnten Umgebung keinen Zugang zu diesen Gefühlen hatte, packte er sich einige Nahrungsmittel ein und machte sich auf den Weg zu der 5 km von Mekka entfernten Höhle Hira. Dort, am Lichtberg, blieb er einen Monat lang und ging nur selten in die Stadt, um sich etwas zu essen zu besorgen. Gegen Ende des Monats Ramadan, in der Nacht der Vollmacht, sah er plötzlich den Offenbarungsengel Gabriel, der ihn aufforderte:

"*Lies!*"

"*Ich kann nicht lesen.*" entgegnete er.

Muhammed beherrschte bis dahin weder das Lesen noch das Schreiben. Nachdem der Engel seine Aufforderung wiederholt, und Muhammed erneut entgegnet hatte, dass er nicht lesen könne, übermittelte ihm der Engel die erste Offenbarung:

> *Lies im Namen deines Herrn, der erschuf. Er erschuf den Menschen aus einem Blutklumpen. Lies, denn Dein Herr ist der Edelmütigste, der mit dem Schreibrohr lehrt, lehrt den Menschen, was er nicht wusste.* (96:1-5)

Tief erschüttert kehrte Muhammed nach Hause zurück. Nachdem er sich erholt hatte, erzählte er seiner Frau Khadidscha, was er erlebt hatte. Eine Zeit lang erhielt er keine weiteren Offenbarungen mehr und fürchtete, ein Opfer des Teufels geworden zu sein. Dann aber begab er sich ein zweites Mal zur Höhle am Lichtberg. Wieder erschien ihm Gabriel und sagte: *“O Muhammed, du bist der Gesandte, ich bin Gabriel.”* Die Berufung wiederholte sich also und Muhammed war sich nun ganz sicher, zum Propheten bestimmt worden zu sein.

14.2.3. Die Anfänge des Islam

Nach seiner Berufung zum Propheten begann Muhammed zunächst, seine Verwandten in Mekka das kommende Gericht Gottes und die Einheit Gott zu verkünden. Die ersten Muslime waren deshalb auch Khadidscha, Ali, Zaid und Abu Bakr.

Im Laufe der nächsten drei Jahre sprach er dann immer mehr Menschen an. Sein Onkel Abu Lahab stellte sich gegen ihn, aber Abu Talib, der Vater Alis, kündigte an, seinen Neffen von ganzem Herzen unterstützen zu wollen.

Die offene Verkündigung eines neuen Glaubens musste natürlich das Misstrauen der Mekkaner erregen. Um die Verbreitung der neuen Religion zu verhindern, war ihnen jedes Mittel recht. Besonders die Schwachen und die Sklaven, die ihre Sympathie für den Islam bekundeten, hatten unter schrecklichen Folterungen zu leiden. Die Tatsache, dass auch einflussreichere Menschen wie ʹUmar dem Islam beitraten, und so die Position der Muslime stärkten, ließ die Unterdrückung durch Mekkaner immer härter werden. Als die Verfolgung schließlich unerträglich wurde, ließ Muhammed eine Gruppe von Muslimen nach Abessinien auswandern, wo sie vom König Negus freundlich aufgenommen wurden.

11 Jahre nach der Berufung Muhammeds zum Propheten starben Abu Talib, sein Onkel, und seine Frau Khadidscha. Die Muslime nannten dieses Jahr "das Jahr der Trauer". Der Prophet ging inzwischen nach Taif, eine Stadt in der Nähe von Mekka, wo er sich darum bemühte, den Islam zu verkünden und um Hilfe zu bitten. Dort wurde er jedoch schlecht behandelt und schließlich fort gejagt. Eine kleine Gruppe von Muslimen, zu denen der Prophet jedoch nicht gehörte, emigrierte nach Abessinien. Bald darauf kam es zur Hidschra.

14.2.4. Die Hidschra (Auswanderung)

Die "Auswanderung" (Hidschra) des Propheten Muhammed und seiner Gefährten von Mekka nach Medina im September 622 christlicher Zeitrechnung ist von weltgeschichtlicher Bedeutung. Die Mekkaner erfuhren, dass auch Muhammed die Stadt verlassen wollte, und planten, ihn zu töten. Muhammed hatte jedoch die Stadt bereits an der Seite von Abu Bakr verlassen. Nach der Auswanderung gründete Muhammed einen islamischen Staat in Medina, dessen Verfassung die erste Verfassung der islamischen Geschichte und nach Ansicht mancher Rechtshistoriker sogar die erste schriftliche Verfassung der Welt überhaupt ist. Denn sie wurde zur praktischen Anwendung gleichzeitig von unterschiedlichen Religionsgemeinschaften unterschrieben. Dank dieser Verfassung lebten Juden, Christen und Muslime in Medina friedlich zusammen.

Die Auswanderung bildet einen so deutlichen Wendepunkt der islamischen Geschichte in der Phase, die von der Zeit der Unterdrückung bis zur Entfaltung mit Staats- und Gesellschaftsbildung reicht, dass sie den Beginn der islamischen Zeitrechnung markiert. Das islamische Jahr ist ein reines Mondjahr und somit zehn bzw. elf Tage kürzer als ein Sonnenjahr; 100 Sonnenjahre der europäischen Zeitrechnung entsprechen also ungefähr 103 Jahren islamischer Zeitrechnung. Die Reihenfolge der islamischen bzw. arabischen Monate lautet: *Muharram, Safar, Rabi'ul-awwal, Rabi'ul-akhira, Dschumadal-ula, Dschumadal-akhira, Radschab, Scha'ban, Ramadan, Schawwal, Dhulq-Qa'da, Dhul-Hiddscha.*

Die "Auswanderer" (*muhadschirun*) wurden von der Bevölkerung Medinas , den "Helfern" (*ansar*), wie sie später genannt wurden, sehr freundlich empfangen. Die Zahl der Muslime stieg beständig, sogar einige führende jüdische Vertreter bekannten sich zum Islam.

Die Tatsache, dass die Feinde Muhammeds versuchten, den Aufstieg des Islam zu verhindern, führte in späteren Jahren zu mehreren militärischen Auseinandersetzungen und Schlachten. Die Muslime errangen den Sieg in Badr (624) und erlitten eine Niederlage in Uhud (625). Ohne einen Sieger blieb die Belagerung Medinas durch die Mekkaner (627). Die eingeschlossenen Muslime hatten rings um die Stadt Gräben ausgehoben (Grabenkrieg). Im Jahre 628 erschienen die Muslime vor Mekka, um die Pilgerfahrt zu vollziehen. Obwohl sie ihr Ziel in diesem Jahr noch nicht erreichten, konnten sie doch mit den Bewohnern Mekkas einen zehnjährigen Waffenstillstand schließen: das berühmte Friedensabkommen von Hudaibiya, das jedoch zwei

Jahre später von den Mekkanern verletzt wurde. 629 errangen die Muslime den Sieg in Khaibar und marschierten anschließend gegen Mekka. Ohne Gegenwehr wurden ihnen die Tore der Stadt geöffnet. Muhammed ordnete an, die Bevölkerung Mekkas zu verschonen, woraufhin viele Mekkaner den Islam annahmen. Im Jahre 630 beseitigte der Prophet die Götzenbilder aus der Ka`ba. In den Jahren 630/1 schickten die arabischen Stämme Abgesandte zu Muhammed, um ihn von ihrem Übertritt zum Islam zu informieren. Im Jahre 631 kam es erneut zu einem Krieg, in dem die Muslime einen Feldzug gegen Tabuk, eine von den Ghassaniden besetzte Stadt führten. An dieser Stelle muss jedoch betont werden, dass alle vom Propheten geführten Kriege Verteidigungskriege waren. 632 unternahm Muhammed an der Seite von Tausenden von Muslimen die erste Pilgerfahrt des Islam nach Mekka, an der sich die Pilgerfahrten späterer Jahre orientieren. Hier hielt der Prophet auch vor über hundert Tausend Menschen seine berühmte Abschiedspredigt (die im Anhang abgedruckt ist, siehe Kapitel 26.1). Zurückgekehrt nach Medina erkrankte Muhammed plötzlich schwer und verstarb am 8. Juni 632.

Muhammed ist der letzte Prophet, der Koran die abschließende Offenbarung Gottes an die Menschen, der Islam die den Menschen von Gott gegebene Lebensweise. Die Sunna des Propheten Muhammed ist den Muslimen Erläuterung und Ausführung der koranischen Lehren. Im Koran heißt es, dass sein Prophetentum wird von Jesus angekündigt wird (61:6). Seine Entsendung gilt als *eine Barmherzigkeit des Schöpfers für alle Welten* (21:107). Der Koran nennt Muhammed *das Siegel der Propheten* (33:40).

14.2.5. Der Prophet Muhammed als Vorbild

> *Wahrlich, im Gesandten Allahs ist für euch ein schönes Vorbild. (33:21)*

> *Sprich: "Gehorcht Allah und dem Gesandten!" Und wenn sie sich abwenden, so liebt Allah die Ungläubigen nicht.* (3:31)

Das Gesicht eines Menschen enthüllt dessen innere Welt und dessen Charakter. Diejenigen, die den Propheten Muhammed sahen, konnten nicht anders als seine Erscheinung bewundern und, falls sie unvoreingenommen waren, seine Vertrauenswürdigkeit bestätigen.

Jeder, der Umgang mit dem Propheten pflegte, lobte vor allem seine Wahrheitsliebe und seine Vertrauenswürdigkeit. Er sprach niemals eine Lüge, betrog nie und brach zu keiner Zeit sein Wort. Sogar von seinen erbittertsten Feinden wurde er "der Vertrauenswürdige" genannt. Die Leute sagten über ihn: "Wenn man sich auf eine Reise begibt und jemanden braucht, dessen Obhut man seine Familie und seinen Besitz anvertrauen will, dann kann man ohne zu zögern alles Muhammed anvertrauen."

Muhammed war niemals auf jemanden wegen etwas, was dieser ihm angetan hatte, wütend. Der Prophet war auch für seine Großzügigkeit und Hilfsbereitschaft bekannt. Was immer er besaß, er verteilte es unter seinen Mitmenschen. Während seiner Prophetenschaft gaben er und seine wohlhabende Frau Khadidscha alles, was sie hatten, für die Sache Gottes. Als Khadidscha starb, besaßen sie noch nicht einmal genug Geld, um ein Leichentuch zu kaufen, und der Gesandte Gottes musste sich Geld leihen, um die erste Person, die den Islam angenommen hatte, zu begraben.

Der Prophet Muhammed war äußerst bescheiden. Es war ihm wichtiger, ein Diener Gottes als ein großer Prophet zu sein. Wie von seiner Frau Aischa berichtet wird, flickte der Gesandte seine Kleidung selbst, besserte seine Schuhe aus und half den Frauen bei der Hausarbeit.

Ali, der vierte Kalif, beschreibt den Propheten als "den Großzügigsten im Geben und den Stärksten in Geduld und Ausdauer. Es gab niemanden, der wahrere Worte sprach als er, der liebenswerter und kameradschaftlicher war. Wer ihn zum ersten Mal sieht, wird von Ehrfurcht vor ihm ergriffen, wer ihn aber sehr gut kennt, fühlt sich ihm zutiefst verbunden. Wer den Versuch unternimmt ihn zu beschreiben, der sagt: *,Ich habe weder vor ihm noch nach ihm jemanden wie ihn gesehen.'"*

Seine Mitmenschen charakterisierten den Propheten als einen sehr tugendhaften Menschen. Zwar hat die Menschheitsgeschichte viele tugendhafte Persönlichkeiten gesehen, niemand hat diese und weitere gute Eigenschaften jedoch so vollkommen in sich vereint wie der Prophet Muhammed. Zwar gab es in der Geschichte der Menschheit viele mutige Menschen, kaum einer war jedoch in der Lage, in kritischen Situationen so viel Mut zu beweisen wie er. Gleichzeitig war er sehr nachsichtig und großzügig.

14.2.6. Die Ehen des Propheten

Der Prophet Muhammed hatte im Verlaufe seines Lebens mehrere Frauen. Dafür gibt es mehr Gründe als vielleicht bei oberflächlicher Betrachtung zu erkennen sind.

Die Tatsache, dass der Prophet mehrere Frauen hatte, trug dazu bei, die Sunna, die Statuten und Normen des muslimischen Gesetzes, zu etablieren. Der Islam regelt auch die privaten Beziehungen zwischen Eheleuten. Auch in Angelegenheiten, die nur sie beide betreffen, erteilt der Islam wertvolle Ratschläge. Dem Propheten blieb es also überlassen, seinen Frauen klare Anweisungen und Hinweise zu geben. Die Ehefrauen des Propheten Muhammed wurden also zu Erzieherinnen, die die Normen und Regeln für das Privatleben der Muslime, weitervermitteln durften.

Muhammed schloss seine Ehen nicht, ohne bestimmte Ziele zu verfolgen, die auch auf die unterschiedlichen Eigenschaften und Altersstufen seiner Ehefrauen Rücksicht nahmen:

Da er Frauen jüngeren, mittleren und höheren Alters ehelichte, konnte er die Erfordernisse und Normen des islamischen Gesetzes allen

Altersstufen vermitteln. Seine Anweisungen wurden zuerst innerhalb seiner Familie befolgt und umgesetzt, später dann schließlich auch an andere muslimische Frauen weitergegeben. Auf diese Weise blieb die junge Religion keine Religion der Männer. Die Frauen wurden mit einbezogen und dazu ermächtigt, sich mit dem Koran und den Hadithen zu beschäftigen, den Koran zu interpretieren und zu kommentieren *(tafsir)* und die Gesetze des Koran kennen zu lernen (*fiqh*). Der Geist des Islam erfüllte also auch die Frauen, was zu Lebzeiten des Propheten durchaus keine Selbstverständlichkeit war.

Jede der Frauen des Propheten stammte aus einer anderen Familie oder aus einem anderen Stamm. Mit dieser Wahl begründete der Prophet eine Bande der Verwandtschaft und Verbundenheit, die die gesamte Umma umfasste. So gelang es ihm, von seiner ganzen Gemeinschaft geschätzt und verehrt zu werden. Gleichheit und Brüderlichkeit wurden zur Grundlage der neuen Religion, da jedes Mitglied der Gemeinschaft Muhammed als einen Bruder betrachtete. Der Prophet schenkte jedem das Gefühl, sich an ihn wenden und seinen Rat einholen zu können. Auf diese Nähe zum Propheten waren die Stämme ihrerseits sehr stolz. Die Umayyaden wurden zum Beispiel durch Umm Habiba, die Haschemiten durch Zainab bint Dschahsch und die Banu Makhzum durch Umm Salama repräsentiert.

Die erste Ehefrau des Propheten war **Khadidscha**. Zur Zeit ihrer Hochzeit war sie vierzig Jahre alt, Muhammed fünfundzwanzig. Sie war die Mutter aller seiner Kinder - mit Ausnahme seines Sohnes Ibrahim, der nicht lange lebte. Khadidscha war Muhammed Ehefrau und Freundin gleichzeitig. Sie bemühte sich immer, an seinen Wünschen und Idealen teilzunehmen. Ihre Ehe war auf wunderbare Weise gesegnet; sie lebten dreiundzwanzig Jahre lang in völliger Harmonie miteinander. Muhammed liebte Khadidscha von ganzem Herzen, und solange sie lebte, heiratete er keine andere Frau.

Vertrautheit, Freundschaft, gegenseitiger Respekt, Unterstützung und Trost der beiden füreinander sind für alle Ehepaare beispielhaft. Auch nach dem Tod Khadidschas vergaß der Prophet seine erste Frau niemals. Erst vier oder fünf Jahre nach ihrem Tod heiratete er erneut. Zwischenzeitlich sorgte er für den Lebensunterhalt seiner Kinder und stand ihnen in ihren Sorgen und Nöten bei. Er bemühte sich, ihnen Mutter und Vater gleichzeitig zu sein.

Sauda bint Sam´a war die Witwe eines gewissen Sakran. Dieser Sakran und Sauda gehörten zu den Ersten, die den Islam angenommen hatten und nach Abessinien fliehen mussten, um der Verfolgung der Widersacher Muhammeds zu entgehen. Sakran starb im Exil und hinterließ seine Frau vollkommen mittellos. Der Prophet Muhammed hatte zwar selbst Probleme, seinen Lebensunterhalt zu verdienen, sah sich aber gezwungen, Sauda zu helfen und sie zur Frau zu nehmen.

Seine dritte Frau war **Aischa**, die Tochter seines engsten Freundes und ergebensten Anhängers Abu Bakr. Als einer der ersten Menschen, die zum Islam übergetreten waren, hatte Abu Bakr lange Zeit gehofft, seine tiefe Zuneigung zum Propheten dadurch festigen zu können, dass er ihm seine Tochter zur Frau gibt. Durch die Heirat mit Aischa gewährte der Prophet einem Mann, der während seiner gesamten Prophetenschaft in guten wie in schlechten Zeiten alles mit ihm teilte, Ehre und Wohlwollen.

Aischa, die sich als eine bemerkenswert intelligente und weise Frau erwies, verfügte über die Begabung und das Temperament, die Mission Muhammeds weiterzuführen. Ihre Ehe war ihr eine Lehrzeit, die sie zu einer spirituellen Führerin und Lehrerin der gesamten Welt der Frauen machte.

Umm Salama stammte aus dem Stamm der Makhzum und war zunächst mit ihrem Cousin verheiratet. Das Ehepaar hatte den Islam gleich in den Anfangstagen angenommen und war nach Abessinien ausgewandert, um den Nachstellungen der Quraisch zu entgehen. Nach der Rückkehr aus Abessinien emigrierten beide mit ihren vier Kindern nach Medina. Ihr Ehemann nahm an vielen Kriegszügen teil und erlitt bei der Schlacht von Uhud schwere Verletzungen, an denen er später starb. Der Prophet nahm sie zur Frau, weil sie sich und ihre Kinder nur hätte ernähren können, wenn sie auf der Straße gebettelt hätte. Durch ihr frommes und aufrichtiges Wesen und dadurch, dass sie ihr Leid so tapfer ertragen hatte, verdiente sie es zweifelsohne, Unterstützung zu erhalten.

Umm Habiba war die Tochter von Abu Sufyan, einem Mann, der lange Zeit der entschlossenste Feind des Propheten und der verbissenste Eiferer der Götzendiener war. Dennoch gehörte seine Tochter zu den ersten Menschen, die sich zum Islam bekannten. Weil sie von den Ungläubigen verfolgt wurde, wanderte sie nach Abessinien aus. Dort starb ihr Ehemann, und sie litt unter Einsamkeit und Verzweiflung. Zu jener Zeit hatte Muhammed erst sehr wenige Gefährten um sich geschart. Materielle Mittel, um sich selbst geschweige denn andere zu versorgen, standen kaum zur Verfügung. Durch seine Heirat mit Umm Habiba band der Prophet jedoch die mächtige und wohlhabende Familie Abu Sufyans an sich und seine Familie.

Zainab bint Dschahsch war ebenfalls eine Frau edler Abstammung und dazu eine nahe Verwandte des Propheten. Darüber hinaus war sie eine äußerst fromme Frau, fastete viel, hielt lange Nachtwachen und spendete großzügig für die Armen.

Dschuwairiya bint Harith war eine der vielen Gefangenen, die die Muslime bei einem Eroberungsfeldzug gemacht hatten. Sie war die Tochter von Harith, dem Oberhaupt des besiegten Stammes der Banu Mustaliq.

Safiya war die Tochter von Huyayy, einem der Häuptlinge des jüdischen Stammes der Khaibar. Nachdem sie den Propheten geheiratet hatte und in die Familie des Propheten aufgenommen worden war, führte sie den Titel "Mutter der Gläubigen". Infolge dieser Heirat änderte sich auch die Haltung vieler Juden, da sie nun den Propheten aus der Nähe betrachten und schätzen lernen konnten.

Hafsa war die Tochter von Umar ibn al-Khattab, dem späteren zweiten Kalifen des Islam. Auch sie hatte ihren Ehemann, mit dem sie nach Abessinien und Medina ausgewandert war, verloren, als dieser in einem Kampf für die Sache des Islam ums Leben gekommen war. Eine Zeit lang blieb Hafsa allein stehend. Wie schon vor ihm Abu Bakr, sehnte sich auch Umar nach der Ehre und dem Segen, dem Propheten in dieser Welt und im Jenseits nahe zu stehen, sodass Muhammed ihm die Ehre erwies, Hafsa zur Frau zu nehmen und so die Tochter seines gläubigen Anhängers zu beschützen und ihr zu helfen.

Wir sehen also, dass es dem Propheten Muhammed nicht an Gründen fehlte, mehrere Frauen zu ehelichen. Auf diese Weise konnte er mittellosen oder verwitweten Frauen zu einem würdigen Leben verhelfen und aufgebrachte oder entfremdete Angehörige von ursprünglich verfeindeten Stämmen beruhigen. Er ließ ihnen die Ehre zuteil werden, ein gemeinsames Band zu knüpfen und Harmonie zu empfinden, wo anderenfalls Feindschaft und Hass geherrscht hätten. Es gelang ihm, außergewöhnlich talentierte Frauen für die Sache des Islam zu gewinnen, neue Normen für die Beziehungen zwischen unterschiedlichen Menschen zu erlassen und die Menschen in der Brüderlichkeit des Glaubens an Gott zusammenzubringen. Schließlich erwies er auch den Männern, die nach seinem Tode die ersten Führer der muslimischen Umma sein sollten, die Ehre, sie in seine Familie aufzunehmen.

Oft werden dem Propheten Maßlosigkeit und die Verfolgung persönlicher Interessen, Begierden oder Gelüste vorgeworfen. Es wird behauptet, er habe seine Stellung ausgenutzt und sich mit so vielen Frauen wie möglich umgeben, ohne auf andere Männer Rücksicht zu nehmen. Diese Anschuldigungen zielen jedoch ins Leere. Mit Ausnahme von Aischa waren alle Frauen des Propheten vorher schon einmal verheiratet. Nachdem er seiner ersten Frau Khadidscha bis zu ihrem Tode die Treue gehalten hatte, heiratete er seine anderen Frauen in fortgeschrittenem Alter.

Die Eheschließung mit mehreren Frauen stellt eine Sonderregelung innerhalb des Islam dar. Eine Offenbarung, die der Polygamie Einhalt gebietet, wurde dem Propheten gesandt, nachdem er seine Ehen bereits alle vollzogen hatte. Danach war es auch ihm untersagt, ein weiteres Mal zu heiraten.

14.3. Verbreitung des Islam

14.3.1. Die Epoche der vier rechtschaffenen Kalifen (632-661)

Nachdem wir uns mit der Entwicklung des Islam zu Lebzeiten des Propheten befasst haben, wenden wir uns nun der Ära der vier rechtschaffenen Kalifen Abu Bakr, Umar, Uthman und Ali zu. Diese 30 Jahre wurden später als das goldene Zeitalter des Islam bezeichnet, in denen der Islam in allen Lebensbereichen der Muslime an Bedeutung gewann. Abu Bakr wurde zum direkten Nachfolger des Propheten gewählt. In seiner Regierungszeit (632-634) wurde der Koran in schriftlicher Form niedergelegt und erwies sich fortan als Stützpfeiler der gesellschaftlichen Ordnung. Unter der Führung Umars (634-644) wurden Syrien, Palästina, Aserbaidschan und Ägypten erobert. Dieser Kalif war berühmt für seine Gerechtigkeit. Ihm verdankt die islamische Gesellschaft ihr erstes Verwaltungswesen. Unter dem dritten Kalifen Uthman (644-656) dehnte sich der Herrschaftsbereich des Islam weiter aus. Mehrere Abschriften des Koran wurden angefertigt und in neue islamische Zentralregionen geschickt. Der vierte Kalif Ali (656-661) musste sich mit seinem Widersacher Muawiya auseinander setzen, der sein Kalifat nicht anerkannte. Mit seiner Ermordung endete die Epoche der vier Kalifen, die durch freie Wahlen an die Macht kamen. Das Kalifat ging an die Dynastie der Umayyaden über.

14.3.2. Die Kharidschiten

Die Kharidschiten sind eine abtrünnige Gruppe von Unzufriedenen, die sich während des Kalifats des Uthman von der muslimischen Gemeinschaft trennte. Später kündigten sie Ali die Gefolgschaft und ermordeten ihn, dann stellten sie sich auch gegen Mu'awiya. Diese fanatischen und extremistischen Beduinengruppe sorgten dafür, die ca. 100 Jahre nach dem Tod des vierten Kalifen Ali zu einem Schandfleck in der islamischen Geschichte zu machen. Die Kharidschiten bezeichneten sich als Muslime, ihr Tun verstieß jedoch vollkommen gegen die Grundlagen des Islam. Sie nahmen den Islam als eine Stammesreligion wahr. Denn sie führten die vorislamischen beduinischen Traditionen weiter und ergänzten sie nur punktuell durch islamische Prinzipien. Auch in unserer heutigen Zeit gibt es in der islamischen Welt militante Gruppierungen, die in ihren Äußerungen und ihren Handlungen Ähnlichkeiten zu den Kharidschiten aufweisen. Diese finden jedoch zumeist nicht die Unterstützung der breiten Öffentlichkeit.

14.3.3. Die Umayyaden (661-750)

Der erste Kalif der Dynastie der Umayyaden war Mu'awiya. Mit ihm wurde Damaskus 661 zum Zentrum der islamischen Welt. In seiner Herrschaftszeit wurden Nordafrika und das Gebiet des heutigen Afghanistan und Usbekistan erobert. Das Kalifat entwickelte sich zu einer Herrschaftsform der Erbfolge; die Macht wurde fortan vom Vater auf den Sohn vererbt. Weitere Umayyadenkalifen waren u.a. Yazid und Marwan. Da die Umayyaden Muslime nicht-arabischer Abstammung ungerecht behandelten, herrschte in den islamischen Gebieten schon bald Unzufriedenheit. Ein Aufstand, von Abu Muslim in Khorasan initiiert, griff schnell auf den Iran und den Irak über. Im Verlaufe dieser Auseinandersetzungen wurden die Umayyaden besiegt. Abu l-Abbas Abdullah, der von den Stämmen des Onkels des Propheten Abbas abstammte, wurde zum Kalif ausgerufen, womit das Kalifat auf die Dynastie der Abbasiden überging. Im Jahre 711 war Andalusien von Tariq ibn Ziyad erobert worden. Es entwickelte sich dort fortan eine hoch zivilisierte islamisch-andalusische Kultur, die einen wichtigen Beitrag zur Entwicklung der Wissenschaften in Europa leistete. Hier wurde die Herrschaft der Umayyaden erst im Jahre 1492 durch Ferdinand beendet. Nur die Alhambra von Granada blieb uns als Zeuge dieser Zivilisation erhalten.

14.3.4. Die Abbasiden (750-1258)

Unter den Abbasiden wurde die Stadt Bagdad zur Hauptstadt des Reichs. Türken bekleideten nun wichtige Ämter. Die Glanzzeit der Abbasiden war die Zeit des Kalifen Harun ar-Raschid. Erstmals wurden in dieser Epoche die Staatsangelegenheiten in einem beratenden Ausschuss namens "Diwan" behandelt. Al-Ma`mun, ein Sohn des Harun ar-Raschid, gründete in Bagdad das "Haus der Weisheit", eine Institution, die aus Bibliotheken, einer Akademie und Übersetzungsbüros bestand. Die Söhne des Harun ar-Raschid, Mu´tasim und Ma´mun, folgten ihrem Vater als Kalifen nach.

Die Grenzen des Staates hatten sich inzwischen sehr weit ausgedehnt und die Zentralregierung verlor zunehmend die Kontrolle über die weit entfernt liegenden Provinzen. So entstanden dort unabhängige Fürstentümer. Mit den Angriffen und Verwüstungen der Mongolen endete schließlich die Ära der Abbasiden im Jahre 1258.

14.3.5. Fatimiden, Ayyubiden, Mamluken

Die Fatimiden eroberten von Tunesien aus ganz Nordafrika, gründeten im Jahre 969 in Ägypten ein Kalifat im Namen des schiitischen Imams der Ismailiya und eroberten von dort aus Damaskus, Jerusalem, Mekka und Medina. Auch Bagdad wurde von ihnen bedroht. Die Seldschuken, die zuvor Bagdad erobert hatten, verdrängten die Fatimiden schließlich aus Syrien. Doch erst der berühmte General Saladin (1171-93) bereitete der Herrschaft der Fatimiden in Kairo 1171 ein Ende. Er begründete an ihrer Stelle die autonome Dynastie der Ayyubiden und erhob sich damit zum Herrscher von Kairo und Damaskus. 1187 eroberte er in der entscheidenden Schlacht von Hittin Jerusalem von den Kreuzfahrern zurück. Seine gerechte Haltung anderen Religionen gegenüber wird von Lessing in seinem Werk "Nathan der Weise" gerühmt.

Schon zur Herrschaftszeit der Enkel Saladins wurde die Dynastie von wirtschaftlichen und innenpolitischen Problemen bedroht. Die Generäle der Ayyubiden waren so genannte Mamluken (tscherkessische und kiptschakische Militärsklaven). Sie übernahmen schließlich die Macht und traten das Erbe der Ayyubiden an. Mit starker Hand verwalteten sie die Macht und brachten die Invasion der Mongolen im südlichen Palästina zum Stillstand Außerdem verdrängten sie die Kreuzfahrer endgültig aus Nordsyrien. Der Mamluk Izzaddin war der erste Herrscher der Mamluken, die von 1250-1517 in Ägypten und Syrien ihre Macht verteidigten.

14.3.6. Karahaniden

Im Jahre 840 wurde der Staat der Karahaniden gegründet, der erste Staat, dessen offizielle Sprache Türkisch war. Sie traten ab dem Jahr 950 (zur Herrschaftszeit des Satuk Bugra Khan [gest. 955]) zum Islam über. Die Karahaniden lebten zwischen 992 und 1124 in Bukhara und Ostturkistan. Im Jahre 1212 wurden sie von den Ghaznawiden besiegt und ihr Reich zerfiel.

14.3.7. Ghaznawiden

Das ghaznawitische Reich wurde im Jahre 999 in Nordwestindien (Pandschab) von Mahmud von Ghazna als zweiter Staat von zum Islam übergetretenen Türken gegründet. Mahmud eroberte Khorasan (999), Khwarasm (1017) und Westpersien (1029). Die Glanzzeit der ghaznawidischen Dynastie, deren Ursprünge in Afghanistan, Khorasan und Indien zu suchen sind, erlebte das neue Reich schon zu Zeiten seines Gründers, der sich intensiv dafür einsetzte, den Islam in Indien zu verbreiten.

Die Seldschuken besiegten Mas`ud, der 1030 zum Sultan von Ghazna gekrönt worden war, bei der Schlacht von Dandanakan (1040). Mit ihm ging die ghaznawidische Hoheit in Khorasan und Westiran zu Ende. Vollständig zerfiel der ghaznawidische Staat, dessen Verkehrsprache Arabisch war, jedoch erst im Jahre 1186.

14.3.8. Groß-Seldschuken

Die Turkmenenstämme der Seldschuken drangen von der kirgisischen Steppe nach Bukhara und Khorasan vor. Dem berühmten Feldherrn Selcuk Beg gelang es dabei, die türkischen Stämme zu vereinigen und so eine große Macht unter seiner Hoheit zu versammeln. Nach der bereits erwähnten Schlacht von Dandankan entstand ein groß-seldschukisches Reich, das bis zum Jahre 1157 überdauerte. 1041 verleibte man sich Khorasan, 1051 Isfahan ein. Um 1051 drangen turkmenische Stämme nach Aserbaidschan und ins obere Mesopotamien vor. In der zweiten Hälfte des 11. Jahrhunderts eroberten die Seldschuken nach dem Irak (1055) auch Syrien und Palästina. Bagdad wurde 1091 zur Hauptstadt der Groß-Seldschuken.

Nach dem Tode des berühmten ersten Herrschers Togril Beg wurde Alp Arslan (1063-72) zum Sultan der Seldschuken. Er stellte sich dem Heer von Byzanz (Istanbul) bei Malazgirt entgegen, vernichtete dort dessen Armee und nahm den Kaiser Romanos Diogenes gefangen. So öffnete er Anatolien für das türkische Volk (1071).

Nizamulmulk, der persische Wesir von Alp Arslan, gründete 1067 die Madrasa an-Nizamiya, eine bedeutende Schule des schafiitischen Rechts in Bagdad.

14.3.9. Die anatolischen Seldschuken

Sulaiman Beg begründete 1077 in Iznik die Herrschaft einer Linie der Seldschuken (Rum-Seldschuken). Zu jener Zeit verbreitete sich der Islam durch die Türken in Antolien immer schneller. Damals waren die Muslime unter Kilic Arslan I. mit dem ersten Kreuzzug nach Jerusalem konfrontiert, der von Papst Urban II. veranlasst wurde (1096). Nach dem Sieg der Kreuzfahrer über Kilic Arslan I. wurde Konya zur Hauptstadt der anatolischen Seldschuken. Die anatolischen Seldschuken begründeten besonders in Konya und Kayseri eine glänzende Zivilisation. Die Herrschaftszeit von Alaaddin Kaykubat wird im Allgemeinen als eine Goldene Ära bezeichnet. Infolge der Invasion der Mongolen mussten die anatolischen Seldschuken im Jahre 1243 am Köse Dag eine schwere Niederlage hinnehmen. Ihr Reich zerfiel in 14 selbstständige Emirate (*beylik*), die bis zum Jahre 1308 unter mongolischer Hoheit standen.

Der berühmte türkische Volksdichter Yunus Emre (1240-1320) und der große türkische Mystiker Mewlana (1207-1273) lebten zur Zeit der Seldschuken. Sowohl zu Zeiten der Groß-Seldschuken als auch der anatolischen Seldschuken wurden wertvolle Beiträge zur islamischen Zivilisation geleistet. Unzählige Gasthäuser, Moscheen, Brunnen, Medresen und Krankenhäuser wurden gegründet, Brücken wurden gebaut. Der islamische Sufismus organisierte sich in unterschiedlichen Orden und entwickelte sich weiter. Er fand in allen Gesellschaftsschichten großen Zulauf. Naturwissenschaften und religiöse Wissenschaften wurden besonders stark gefördert.

14.3.10. Die Kreuzzüge

An dieser Stelle möchte ich kurz auf die Kreuzzüge eingehen, die zur Zeit der Seldschukenherrschaft unternommen wurden und die zur Festigung des "Feindbildes Islam" in Europa beigetragen haben. Unter Kreuzzug verstand man ursprünglich einen Kriegszug, den die Kirche im Mittelalter gegen Ungläubige (Preußen, Esten) und Ketzer (Albigenser) unternahm, um den katholischen Glauben zu stärken. Spätere Kreuzzüge bezeichnen jedoch die kriegerischen Unternehmungen der abendländischen Christenheit zur Rückeroberung des Heiligen Landes in den Jahren 1095-1289 und die Pilgerfahrt in Zusammenhang mit dem Kampf gegen die "Heiden". In einem Zeitraum von 200 Jahren fanden insgesamt acht Kreuzzüge aus diesem Anlass statt. Trotz aller negativen Aspekte der Kreuzzüge wurde durch sie griechisch-orientalisches Geistesgut erstmals im Abendland bekannt.

Kämpfe gegen die Araber in Spanien und Sizilien

Gregor VII. plante 1074 einen Kriegszug zur Befreiung des Heiligen Grabes. Auf der Synode von Clermont rief Papst Urban II. am 27.11.1095 die Christenheit zum Kampf gegen den Islam auf. Hilferufe des byzantinischen Kaisers, der seine Macht von den türkischen Seldschuken gefährdet sah, veranlassten den Papst einzugreifen und Stellung gegen den Islam zu beziehen. Viele Menschen setzten sich ohne Vorbereitungen zu treffen in Richtung Heiliges Land in Bewegung und kamen schon unterwegs um.

Der europäische Lehnsadel, insbesondere die französische Ritterschaft und die süditalienischen Normannen, unternahmen 1096 den 1. organisierten Kreuzzug und konnten 1099 Jerusalem erobern. Ein islamischer Gegenstoß führte 1144 zur Eroberung von Edessa. Daraufhin begann der 2. Kreuzzug (1147-1149; unter Ludwig VII. von Frankreich und dem römisch-deutschen Kaiser Konrad III.); er endete in einer militärischen Katast-rophe und im politischen Zerwürfnis der beteiligten Mächte. 1187 wurde Jerusalem von Saladin zurückerobert, was 1189 den 3. Kreuzzug (Friedrich Barbarossa) auslöste. Der 4. Kreuzzug (1202-1204), bei dem die Venezianer die Hauptrolle spielten, richtete sich entgegen dem Willen von Papst Innozenz III. gegen Konstantinopel. Im Jahre 1212 fand der Kinderkreuzzug statt und führte Tausende von Kindern aus Frankreich und vom Niederrhein ins Verderben. Ein gegen die islamische Hauptmacht in Ägypten gerichteter Angriff endete 1221 in einem Debakel. Friedrich II. lobte zwar die Idee des Kreuzzuges, verzögerte ihn aber und wurde deshalb von Papst Gregor IX. verbannt. Trotzdem brach er aber 1228 zum 5. Kreuzzug auf und erreichte durch Verhandlungen mit dem ägyptischen Sultan die Freigabe christlicher Pilgerstätten und krönte sich 1229 zum König von Jerusalem, das 1244 aber wieder aufgegeben wurde. Ludwig IX. von Frankreich unternahm 1248-1254 den 6. Kreuzzug, scheiterte aber bei diesem Unternehmen ebenso wie später der 7. Kreuzzug gegen Tunis (1270). 1291 ging in Palästina mit Akka die letzte Bastion der Kreuzritter verloren.

14.3.11. Die Osmanen

Die osmanische Dynastie, die zunächst nur eines der kleinsten unter den türkischen Fürstentümern Anatoliens war, wurde im Jahre 1299 von Osman in Sögüt gegründet. Zur Zeit Orhans, des Sohnes Osmans, wurde Bursa zur Hauptstadt des osmanischen Reiches. Da sich die Osmanen an der Grenze zu Byzanz ansiedelten, kam es oftmals zu militärischen Auseinandersetzungen. Um sich besser vor den Byzantinern schützen zu können, mussten die Osmanen bis zum Balkan vorrücken. Militärische Erfolge dort ermöglichten den Osmanen das Erringen einer Vormachtstellung in Anatolien. Durch die Eroberung von Byzanz (Istanbul) durch Mehmed II. wurde im Jahre 1453 dem Byzantinischen Reich ein Ende gesetzt und Istanbul wurde zur Hauptstadt des Osmanischen Reiches. Sultan Mehmed II. galt als Förderer aller Wissenschaften, insbesondere des islamischen Rechts, der Mathematik und der Astronomie. Damit begann der Aufstieg des Osmanischen Reichs.

Schaich Ismail, Führer der schiitischen Safawiden-Dynastie (1501-1524) im Iran, unternahm als Schutzherr der Schia Feldzüge gegen die Osmanen, wurde jedoch im Jahre 1514 von Sultan Selim I. in der Schlacht von Caldiran (Aserbaidschan) besiegt. Den safawidischen Expansionsbestrebungen gen Westen wurde hier Einhalt geboten. Im Jahre 1516 nahm Selim I. bei der Schlacht bei Marcidabiq Syrien ein, 1517 eroberte er mit dem Sieg in Ridaniya Ägypten und beendete damit die Herrschaft der Mamluken. Er ließ sich die Schlüssel der Ka'ba von Mekka überreichen und kehrte als Kalif der islamischen Welt nach Istanbul zurück. Für Jahrhunderte gehörte der gesamte arabisch-islamische Kulturkreis zum Einflussbereich des Osmanischen Reichs. Die Glanzzeit der Osmanen war die Herrschaftszeit von Sultan Süleyman dem Prächtigen (1520-1566). Mit dem Tode des Großwesirs Sokullu Mehmed Pasa (1579) ging es mit dem Osmanischen Reich bergab.

Von 1579 bis zur zweiten Belagerung Wiens (1683) verschlechterte sich zunächst die soziale und wirtschaftliche Struktur des Reichs. Im

Jahre 1699 schlossen die Osmanen im Abkommen von Karlowitz einen Pakt mit den Russen, bei dem sie ihre erste bedeutende diplomatische Niederlage erlitten und größere Gebiete verloren.

Unruhe machte sich im Staatswesen breit. Während der Tulpenära (1718-30) versuchte man Reformen zur Stabilisierung der Staatsfinanzen durchzuführen. Unter Ibrahim Pasa, Großwesir des Sultans Ahmed III., öffnete man sich auch für westliche kulturelle Einflüsse. Der osmanische Staatsmann Ibrahim Müteferrika nahm 1727 die erste türkische Druckerpresse in Betrieb. Der langsame Abstieg des Osmanischen Reiches setzte sich bis zum Vertrag von Jassy (1792) fort. Mit diesem Vertrag verlor man das nördliche Schwarzmeerufer und die Krim an Russland. Ein Phase des Zerfalls begann. Im Jahre 1839 wurde durch Sultan Mahmud II. das Manifest einer neuen Ordnung (*Tanzimat Fermani*) proklamiert, das vorsah, den Westen zum Vorbild zu nehmen und ihm vor allem in militärischen Belangen nachzueifern. Die französische Revolution von 1789 hatte in Europa zu Reformen von Militär, Regierung und Verwaltung geführt. Außerdem waren auf den Gebieten des Osmanischen Reichs, wie z.B. in Nordafrika und auf dem Balkan unabhängige Nationalstaaten gegründet worden. Das Osmanische Reich musste auf diese neuen Herausforderungen reagieren, wollte es seinen Rang als Großmacht des Orients sichern. Daher war die Entwicklung im Osmanischen Reich seit dem 18. Jahrhundert von den Bemühungen gekennzeichnet, der Herausforderung des aufstrebenden Europa in Wirtschaft, Technik und Kultur durch wirtschaftliche Anpassung und Reform der Institutionen zu begegnen. Gerhard Endreß stellt in seinem Werk "Der Islam. Eine Einführung in seine Geschichte" fest: "Seit der Wende zum 19. Jahrhundert setzt eine Entwicklung ein, in deren Verlauf die gesamte islamische Welt neue politische Grenzen und Strukturen erhält. Der politische und wirtschaftliche Angriff Europas wird bestimmend für die innere Entwicklung der islamischen Völker." Als Schlusspunkt dieser Entwicklung fiel das Osmanische Reich, das über 600 Jahre durch eine Familie fortbestehen konnte, nach dem 1. Weltkrieg endgültig auseinander (1918).

Das Osmanische Reich hat einige Wissenschaftler und Dichter hervorgebracht, die einen großen Beitrag zur türkisch-islamischen Zivilisation geleistet und großartige Werke hinterlassen haben.

Stellvertretend möchte ich hier nur Folgende erwähnen:

Ulug Beg, 1392-1449, lebte in Samarkand; bekannt durch seine Forschungen über Mathematik und Astronomie.
Ali Kuscu, gest. 1474, großer Astronom und Mathematiker.
Takiyüddin Rasid, 1526-1585, einer der berühmtesten Mathematiker und Astronomen; auch seine Werke in anderen Wissenschaftszweigen wie Medizin, Zoologie und Optik sind von Bedeutung.
Ibn Kemal, 1469-1534, verfasste wertvolle Werke in den Bereichen islamisches Recht, Literatur, Geschichte und Sprachwissenschaft.
Ebu Suud Efendi, großer Rechtsgelehrter, lebte im 16. Jhd.
Zembilli Ali Efendi, gest. 1526, großer islamischer Rechtsgelehrter.
Piri Reis, berühmt durch seine Weltkarte von 1513.
Sinan, gest. 1588, Architekt und Erbauer der Süleyman-Moschee in Istanbul und der Selim-Moschee in Edirne.
Davud al-Antaki, 1544-1600, großer Gelehrter; verfasste in fast allen Bereichen der Wissenschaft wertvolle Werke, besonders im Bereich der Medizin.
Baki, gest. 1600, großer türkischer Dichter; sein Werk bildete den Höhepunkt der klassischen türkischen Lyrik.
Naf'i, gest. 1635, ebenfalls ein großer türkischer Dichter.
Itri, 1640-1712, ein weiterer türkischer Dichter; berühmt auch durch seine klassischen Musikstücke.
Katib Celebi, gest. 1658, berühmter Kosmograph und Enzyklopädist.
Evliya Celebi, gest. 1684, Verfasser eines bedeutenden Reiseberichtes über das Osmanische Reich und seine Nachbarländer.

15. Anspruch des Islam

Der Prophet Muhammed erhielt als eine der letzten Offenbarungen den folgenden Vers: *Heute habe Ich für euch eure Religion vollendet und Meine Gnade an euch erfüllt und euch den Islam als Religion erwählt.* (5:3) In einem anderen Vers heißt es: *Wahrlich, die Religion bei Allah ist der Islam.* (3:19) In aller Deutlichkeit mahnt der Koran: *Wer nach einer anderen Religion als dem Islam strebt, von dem wird es (sie) nicht angenommen werden.* (3:85) Der Prophet Muhammed ist nunmehr der Gesandte Gottes an alle Menschen und das Siegel der Propheten. (33:40)

Der Islam beansprucht also die Wahrheit für sich, bezeichnet aber auch alle anderen Offenbarungsreligionen, die der Überlieferung nach durch mehrere Tausend Propheten herabgesandt wurden, als Islam. Deswegen sagt der Koran: *O Volk der Schrift, kommt herbei zu einem gleichen Wort zwischen uns und euch, dass wir nämlich Allah allein dienen...* (3:64) Hinsichtlich ihrer Quelle sehen Muslime weder Christentum noch Judentum oder Islam als voneinander getrennt an; sie nennen deren Anhänger vielmehr im Lichte der Koranverse und Hadithe "Leute der Schrift", woran sich die Muslime auch orientieren. Muslimische Männer können zum Beispiel keine Atheistinnen, wohl aber Christinnen heiraten und das essen, was Juden schlachten.

16. Das Verhältnis des Islam zu anderen Religionen

Der Islam hat ein enges Verhältnis zu anderen Religionen, betrachtet aber einige Sachverhalte aus ganz unterschiedlichen Perspektiven. In diesem Zusammenhang möchte ich hier "Maryam", die Mutter Jesu, erwähnen, deren Namen die 19. Sure des Koran trägt. In dieser Sure wird ihre Geschichte ausführlicher erzählt. Auch die Propheten Abraham, Jesus, Mose, Jakob, Ismael, Aaron, Noah, Zacharias, Johannes, Isaak und Idris u.a. werden im Koran erwähnt.

> *Dies ist Jesus, Sohn der Maria - die Aussage der Wahrheit, über die sie uneins sind. Es geziemt Allah nicht, Sich einen Sohn zuzugesellen. Gepriesen sei Er! Wenn Er etwas beschließt, so spricht Er nur: "Sei!" und es ist. "Und wahrlich, Allah ist mein Herr und euer Herr. So dient Ihm: das ist ein gerader Weg."* (19:34-36)

Laut Koran empfing Maria Jesus durch den Willen Gottes ohne Mitwirkung eines Mannes. Sie war ein Vorbild an Tugend und Gottergebenheit. Der Koran bezeichnet sie als Tochter Imrans:

> *Und Maria, die Tochter Imrans, die ihre Keuschheit bewahrte - darum hauchten Wir von Unserem Geist in sie ein; und sie glaubte an die Worte ihres Herrn und an Seine Offenbarungsschriften und war eine der Gehorsamen.* (66:12)

> *Damals sprachen die Engel: "O Maria, siehe, Allah verkündet dir ein Wort von Ihm; sein Name ist der Messias, Jesus, der Sohn der Maria, angesehen im Diesseits und im Jenseits und einer von denen, die (Allah) nahe stehen.* (3:45)

An anderer Stelle heißt es:

Sprich: Wir glauben an Allah und an das, was auf uns herabgesandt worden ist, und was herabgesandt worden ist auf Abraham und Ismael und Isaak und Jakob und die Stämme (Israels), und was gegeben worden ist Moses und Jesus und den Propheten von ihrem Herrn; wir machen keinen Unterschied zwischen ihnen, und Ihm sind wir ergeben. (3:84)

Der Islam erkennt also alle früheren Offenbarungsschriften und alle im Alten und Neuen Testament erwähnten Propheten an (2:4). Hierzu ein Beispiel:

16.1. Der Islam und Jesus

Der Prophet Jesus, der Sohn der Jungfrau Maria, wurde auch "*Ruhullâh*" (Geist Allahs) genannt. Die Juden verstanden die Jungfrauenschaft Marias nicht und wollten sie deshalb bestrafen. Dadurch, dass Jesus in der Wiege sprach, wurde sie aber vor der Bestrafung errettet. Jesus war ein Gesandter Gottes, der mit 30 Jahren eine Offenbarungsschrift erhielt. Im Koran wird er u.a. auch "*Masîh*" (Messias)" (3:40) und "*Kalimatu-llâh* (das Wort Gottes)" (4:169) genannt. Er lud die Juden zur Befolgung des rechten Weges ein und wirkte große Wunder, wie zum Beispiel die Heilung Blinder und Aussätziger und die Wiederbelebung von Toten, was auch im Koran erwähnt wird (3:43-46). Es gab nur wenige, die an ihn glaubten; das waren die "Hawari" (Jünger). Die Juden wollten ihn töten, aber im Koran wird unmissverständlich darauf hingewiesen, dass Jesus nicht gekreuzigt wurde (4:155-156). Er wurde stattdessen von Allah in den Himmel erhoben. Auch wird im Koran deutlich betont, dass Jesus nicht der Sohn Gottes ist (19:35). Der Islam ist eine rein monotheistische Religion, und Allah ist weder gezeugt worden noch hat Er gezeugt. Ferner hat Jesus auf das Kommen des Gesandten Muhammed hingewiesen (61:6).

Weiterhin werden Jesus und seine Mutter Maria im Koran an vielen Stellen erwähnt. Ihr Stellenwert wird im Gedicht von Abdullah

Aymaz, das von Koranzitaten aus den Suren "Das Haus Imran" (3:35-55) und "Maria" (19:1-34) ergänzt wird und sich im Anhang dieses Buches (siehe Kap. 26.6) befindet, deutlich.

Nach dieser kurzen Betrachtung der Person Jesu im Islam möchte ich nun auf die Haltung des Islam zu anderen Religionen kommen. Das vielleicht hervorstechendste Merkmal des Islam in seiner Haltung gegenüber den Nicht-Muslimen ist das Zugeständnis, das er ihnen in Bezug auf ihre gesellschaftliche und rechtliche Autonomie macht. In einem langen Absatz des Koran lesen wir:

> *Wenn sie (die Juden) nun zu dir kommen, so richte zwischen ihnen, oder wende dich von ihnen ab. Und wenn du dich abwendest von ihnen, so können sie dir keinerlei Schaden zufügen; richtest du aber, so richte zwischen ihnen in Gerechtigkeit. Wahrlich, Allah liebt die Gerechten. Wie aber können sie dich zum Richter nehmen, während sie die Thora in ihrem Besitz haben, worin Allahs Richtspruch ist? Danach wenden sie sich ab; und sie sind nicht als Gläubige zu bezeichnen! Wahrlich, Wir haben die Thora herabgesandt, in der Führung und Licht war. Mit ihr haben die Propheten, die Muslime waren, den Juden Recht gesprochen, und so auch die Rabbiner und die Gelehrten; denn ihnen wurde aufgetragen, das Buch Allahs zu bewahren, und sie waren seine Hüter. Darum fürchtet nicht die Menschen, sondern fürchtet Mich. Und gebt nicht Meine Zeichen um einen geringen Preis hin. Und wer nicht nach dem richtet, was Allah herabgesandt hat - das sind die Ungläubigen! Und Wir hatten ihnen darin vorgeschrieben: Leben um Leben, Auge um Auge, Nase um Nase, Ohr um Ohr, Zahn um Zahn, und für Verwundungen gerechte Vergeltung. Und wer nicht nach dem richtet, was Allah herabgesandt hat - das sind die Ungerechten. Wir ließen ihnen Jesus, den Sohn Marias, folgen, zur Bestätigung dessen, was vor ihm in der Thora war; und Wir gaben ihm das Evangelium, worin Rechtleitung und Licht war, zur Bestätigung dessen, was vor ihm in der Thora war und als Rechtleitung und Ermahnung für die Gottesfürchtigen. Und die*

Leute des Evangeliums sollen sich nach dem richten, was Allah darin offenbart hat; und die sich nicht nach dem richten, was Allah herabgesandt hat - das sind die Frevler. Und Wir haben dir das Buch mit der Wahrheit herabgesandt, das bestätigt, was von der Schrift vor ihm war und darüber Gewissheit gibt; richte also zwischen ihnen nach dem, was Allah herabgesandt hat, und folge nicht ihren Gelüsten, die von der Wahrheit, die zu dir gekommen ist, wegführen. Für jeden von euch haben Wir eine Gesetzgebung und einen Weg bestimmt. Und wenn Allah gewollt hätte, hätte Er euch zu einer einzigen Gemeinschaft gemacht. Er wollte euch aber in alledem, was Er euch gegeben hat, auf die Probe stellen. Darum sollt ihr um die guten Werke wetteifern. Zu Allah ist eure Rückkehr insgesamt; und dann wird Er euch das kundtun, worüber ihr uneins wart. (5:42-48)

Und du wirst gewiss finden, dass diejenigen, die sagen: "Wir sind fürwahr Christen", den Gläubigen am freundlichsten gegenüberstehen. Dies ist so, weil es unter ihnen Priester und Mönche gibt und weil sie nicht hochmütig sind. (5:82)

Der Islam wurde nach eigener Auffassung nicht für ein bestimmtes Volk herabgesandt, sondern für alle Menschen auf dieser Welt. Als letzte rein monotheistische Offenbarungsreligion beansprucht der Islam die Universalität, wie oben schon betont wurde. Daher steht die ganze Menschheit im Fokus des Islam, denn der Islam spricht jeden Menschen unabhängig von Ort und Zeit an. Der Universalitätsanspruch des Islam bezieht sich nicht nur auf die Welt und die menschliche Geschichte als Ganze, sondern auch auf die Prinzipien des konkreten Lebens des Menschen als Individuum.

Selbst der Koran nennt seine Getreuen "die beste Gemeinde" mit der Begründung: *weil ihr das Rechte anordnet und das Tadelnswerte untersagt und an Allah glaubt.* (3:110)

Und aus euch soll eine Gemeinschaft werden, die zum Guten einlädt und das gebietet, was rechtens ist, und das Unrecht verbietet. (3:104).

17. Dschihad

Im Islam ist es die Pflicht eines jeden Muslim, sich unaufhörlich zu bemühen, das Gute zu verbreiten und das Böse abzuwenden.

> *Wer von euch etwas Verabscheuungswürdiges sieht, der soll es mit seiner Hand ändern. Wenn er dies nicht vermag, so soll er es mit seiner Zunge ändern. Und wenn er (selbst) das nicht schafft, dann soll er es in seinem Herzen ändern, und dies ist die schwächste Form des Glaubens.*
> (Sammlungen Muslim, Tirmidhi).
>
> *Bei dem, in Dessen Hand meine Seele ist: Niemand von euch ist (wirklich) gläubig, bis er seinem Bruder das wünscht, was er sich selbst wünscht.*
>
> *Verkündet, was froh macht, verkündet nicht, was erschreckt. Macht es den Menschen leicht, macht es ihnen nicht schwer.*
> (Sammlung Muslim)

Die oben erwähnten Hadithe sind grundlegend für die Repräsentation und das Verständnis des Islam, also für den Dschihad. Bevor ich darauf eingehen werde, inwieweit und auf welcher Ebene die Muslime heute den Islam vertreten, möchte ich versuchen, den Begriff Dschihad zunächst zu erläutern.

Dschihad ist ein arabisches Wort und bedeutet "das sich Abmühen", "das Streben nach etwas", "das Unternehmen von Anstrengungen, um sich Not und Entbehrungen zu stellen". Mit dem Islam erlangte es die Bedeutung "sich abmühen auf dem Wege Allahs", "sich mit seiner eigenen Person und seinem Vermögen auf dem Wege Allahs einsetzen."

Der Begriff "Dschihad" wird im Westen oft unzureichend und falsch mit "Heiliger Krieg" übersetzt. Denn von Dschihad wird auch schon in den ersten mekkanischen Offenbarungen, in der noch keine Rede von Kriegen war, gesprochen. Wesentlich ist, dass Dschihad von seinem Wortstamm her weder "Krieg führen" noch "töten" bedeutet. Dem koranischen Wesensgehalt von Dschihad widerspricht es, ihn als "Heiligen Krieg" aufzufassen. Selbst ein Krieg zur Verteidigung der islamischen *umma* (Gesellschaft/Gemeinschaft) ist kein "Heiliger Krieg", sondern höchstens ein notwendiges Übel. Der Koran sagt:

> *Vorgeschrieben ist euch der Kampf, und er ist euch ein Abscheu; und es könnte sein, dass ihr etwas hasst, und es ist gut für euch; und es könnte sein, dass ihr etwas liebt, und es ist schlecht für euch. Und Allah weiß, und ihr wisset nicht.* (2:216)

Der Dschihad stellt für den Gläubigen eine besondere Pflicht dar. Auf Grund seiner Wichtigkeit wird der Dschihad im Koran fast mit dem Islam selbst gleichgesetzt. Die hervorragendsten Diener Gottes seit der Zeit des Propheten Adam haben, ob sie nun Propheten oder Rechtschaffene waren, ihre Auszeichnungen, sowohl gegenüber den Ungläubigen als auch sich selbst gegenüber durch den Dschihad erlangt.

Der Dschihad hat bei Gott einen hohen Stellenwert; denn Er hat den Menschen erschaffen, damit dieser sich anstrengt, zu seinem wahren Wesen zu gelangen, und auch andere ermutigt, gleiche Anstrengungen zu unternehmen.

Das Ziel eines Propheten liegt darin, den Menschen die Möglichkeit zu verschaffen, Gott kennen zu lernen. Wer Gott erst einmal kennt, wird auch in der Lage sein, die Ewigkeit zu erlangen. Die Propheten sind es, die die Menschheit warnen und erziehen und sie dazu bringen, sich des Strebens nach dem wahren Wesen bewusst zu werden.

Aus der Sicht Gottes ist die Prophetenschaft die heiligste Arbeit, die einem Menschen anvertraut wird, und Dschihad bringt diesen Aspekt zum Ausdruck. Der Koran betont die Wichtigkeit der Gemeinschaft der Gläubigen, die dem Propheten die Treue geschworen hat, besonders dadurch, dass sie den Dschihad durchführt. (48:10)

Der Dschihad beinhaltet zwei Aspekte: Der eine liegt im Kampf, die sinnlichen Gelüste und negativen Neigungen zu besiegen; diesen Aspekt nennt man den "größeren Dschihad". Der andere Aspekt ist die Ermutigung anderer, dasselbe Ziel zu erreichen, und wird der "kleinere Dschihad" genannt.

Die muslimische Armee war auf dem Rückweg nach Medina, nachdem sie den Feind in einer Schlacht (bei Uhud) besiegt hatte, als der Gesandte Gottes zu ihnen sagte:

> *Wir sind gerade dabei, vom kleineren zum größeren Dschihad zurückzukehren. Als die Gefährten fragten, was der größere Dschihad sei, erklärte er, es handle sich dabei um den Kampf mit der sinnlichen Seele.* (Sammlung Kaschful-khafa, 1, 424)

Das Ziel eines jeden Dschihad, sei es nun des größeren oder des kleineren, liegt darin, dass der Gläubige von allen Sünden geläutert wird und auf diese Weise wahre Menschlichkeit erlangt. Zu diesem Zweck sind die Propheten gesandt worden.

Der Dschihad ist das Vermächtnis der Propheten, und das Prophetenamt hat die Aufgabe, die Menschen für die Gnade Gottes bereit zu machen, indem es sie läutert. Dschihad ist der Name, der der prophetischen Mission verliehen wurde. Dschihad heißt, die Wahrheit zu bezeugen. So wie Richter Zeugen anhören, um bei Gericht einen Fall zu entscheiden, so haben auch jene, die den Dschihad vollführt haben, Zeugnis von der Existenz und der Einheit Gottes abgelegt, indem sie sich auf Seinem Weg angestrengt haben.

Der Prophet Muhammed überbrachte die gute Nachricht der Glückseligkeit in beiden Welten (in Diesseits und in Jenseits) für diejenigen, die Gutes tun; Warnungen sprach er denjenigen aus, die Böses tun. Auf diese Weise kam er der Aufgabe nach, die im Koran Dschihad genannt wird.

Der kleinere Dschihad, der gewöhnlich als Kampf auf dem Wege Gottes verstanden wird, bezieht sich nicht nur auf den Kampf auf dem Schlachtfeld. Der Ausdruck ist vielschichtiger. Er beinhaltet jede Handlung vom Sprechen bis hin zur Anwesenheit auf dem Schlachtfeld - vorausgesetzt, die zur Diskussion stehende Handlung wird um der Sache Gottes willen durchgeführt. Ob man spricht oder schweigt, lächelt oder ein griesgrämiges Gesicht macht, sich an einem Treffen beteiligt oder ihm fernbleibt - jede Handlung, die unternommen wird, um das Los der Menschheit zu verbessern, sei es durch Individuen oder durch Gemeinschaften, geht in die Bedeutung des kleineren Dschihad ein.

Während der kleinere Dschihad von der Mobilisierung aller materiellen Möglichkeiten abhängt und in der äußeren Welt praktiziert wird, versteht man unter dem größeren Dschihad den Kampf eines Menschen gegen die Bedürfnisse seines Egos, seiner sinnlichen Seele. Diese beiden Arten des Dschihad können nicht voneinander getrennt werden.

Der Prophet Muhammed hat die Muslime gelehrt, wie beide Arten des Dschihad ausgeführt werden sollen. Er hat Prinzipien der Verkündigung der Wahrheit etabliert, die bis zum Tag des Gerichts ihre Gültigkeit besitzen werden.

Um besser verstehen zu können, wie wir bei der Durchführung des Dschihad vorzugehen haben, wollen wir uns ein Beispiel des Propheten und seiner Gefährten in Erinnerung rufen:

Die Lebensbedingungen wurden so schwierig, dass es einigen Muslimen gestattet wurde, nach Abessinien auszuwandern. Diese

Auswanderung war ein kleiner Dschihad, der den Umständen jener Zeit angemessen war.

Nachdem der Grundstein des islamischen Stadtstaates gelegt war, konnte der kleinere Dschihad eine neue Gestalt annehmen. Es war natürlich notwendig, den Gegebenheiten entsprechend zu handeln; manchmal war es erforderlich zu rennen, aber manchmal auch langsam zu gehen. Somit musste die Durchführung des Dschihad seine eigenen Gesetzmäßigkeiten haben. Die Gläubigen übten erst dann Vergeltung für die Angriffe der Ungläubigen gegen sie, als ihnen die Erlaubnis, sie zu bekämpfen, in Medina offenbart wurde. Sie waren unaufhörlich schikaniert und gequält worden, hatten sich aber mit nur passivem Widerstand zufrieden gegeben. Das wurde so fortgesetzt, bis der folgende Vers in Medina offenbart wurde:

> *Erlaubnis wird denen gegeben, die bekämpft werden, weil ihnen Unrecht zugefügt wurde; und Allah hat fürwahr die Macht, ihnen beizustehen. Denjenigen, die aus ihren Häusern zu Unrecht vertrieben wurden, nur weil sie sagen: Unser Herr ist Allah. Und wenn Allah nicht die einen Menschen vor den anderen geschützt hätte, dann wären gewiss Klöster und Kirchen und Synagogen und Moscheen, in denen der Name Allah häufig genannt wird, zerstört worden. Und Allah wird wahrlich dem helfen, der Ihm hilft. Allah ist fürwahr stark, allmächtig.* (22:39-40)

Jahrelang hatten die Gläubigen jede Art von Verfolgung ertragen müssen, nun wurden sie dazu aufgerufen, das Schwert zu ergreifen.

Der kleinere Dschihad ist das Bemühen um die bestmögliche Erfüllung religiöser Pflichten. Was aber den größeren Dschihad betrifft, so ist er viel schwieriger zu verwirklichen, denn er fordert vom Menschen, gegen all seine eigenen destruktiven Triebe und Gemütszustände wie Arroganz, Rachsucht, Eifersucht, Egozentrik, Einbildung und sinnliche Begierden zu kämpfen.

Der Prophet verband diese beiden Aspekte des Dschihad in vollendeter Weise in seiner eigenen Person. Er war der mutigste aller Menschen auf den Schlachtfeldern, aber auch der eifrigste in der Anbetung Gottes. Er wurde von Liebe und Gottesfurcht in seinem Gebet verzehrt, und diejenigen, die ihn sahen, fühlten eine große Hochachtung vor ihm. Er fastete häufig mehrere Tage hintereinander. Manchmal verbrachte er die ganze Nacht im Gebet, und seine Füße schwollen an, weil er sein Gebet im Stehen verrichtete. Eines Tages fragte sich Aischa (die Ehefrau des Propheten Muhammed), ob Muhammed nicht doch vielleicht zu lange im Gebet verweilen würde, und so fragte sie ihn, warum er sich so vielen Strapazen aussetze, wo ihm doch seine Sünden schon alle vergeben worden seien. *Soll ich denn nicht ein Diener sein, der Gott dankbar ist?,* lautete seine Antwort. (Sammlung Bukhari)

Aischa erzählt: Eines Nachts bat mich der Gesandte Allahs um Erlaubnis, sein freiwilliges Mitternachtsgebet verrichten zu dürfen. Aischa fährt fort: Ich sagte: "Wie sehr auch immer ich deine Gesellschaft wünsche, noch mehr wünsche ich, dass du das tust, was du wünschst." Dann vollzog er seine Gebetswaschung und begann mit dem Gebet. Er rezitierte den Vers *Fürwahr, in der Schöpfung der Himmel und der Erde und im Wechsel der Nacht und des Tages sind gewiss Zeichen für die Einsichtigen* (3:190) immer und immer wieder und vergoss Tränen bis zum Tagesanbruch (Ibn Kathir, *Tafsîr*, Al-Imran, 190).

Der Prophet kennzeichnet diese beiden Aspekte des Dschihad zusammen in einem seiner Aussprüche wie folgt:

> *Die Augen von zwei Personen werden niemals das Höllenfeuer sehen: Die Augen eines Soldaten, der an den Grenzen und auf den Schlachtfeldern Wache hält, und die Augen eines Menschen, der aus Furcht vor Allah Tränen vergießt.*
> (Sammlung Tirmidhi)

Dschihad bedarf einerseits der Selbstbeherrschung und andererseits der Verkündigung der Wahrheit. Sowohl der Sieg über sinnliche Begierden als auch die Ermutigung anderer, dasselbe zu tun, sind verpflichtend. Ersteres zu vernachlässigen zieht Anarchie, letzteres Trägheit in der Gesellschaft nach sich. Heutzutage ist es besonders wichtig, ein richtiges Verständnis des Islam im Allgemeinen, und des Dschihad im Besonderen zu erlangen.

Denn hinter der Problematik dessen, was heute in der islamischen Welt geschieht, stehen die unterschiedliche Auslegung und das unterschiedliche Verständnis des Islam. Obwohl Extremismus, Fanatismus und Terrorismus durch unausgewogene und verzerrende Berichte und Sendungen der Medien in den Vordergrund gezerrt werden, besitzen sie für den Großteil der Muslime in der islamischen Welt normalerweise keinen Wert; sie rücken den Islam nur in ein schlechtes Licht. Der Islam als Religion wird zweitrangig. Das schlechte Vorbild einiger Muslime einerseits und die immens große Unkenntnis der Nicht-Muslime andererseits führten und führen auch heute noch zur Entstehung vieler Vorurteile über den Islam.

Neben dem Extremismus, der unter dem Volk keinen sehr großen Zulauf findet, gibt es auch positive Entwicklungen auf der Ebene des Dialogs und der Toleranz, besonders in der Türkei. Eine Initiative für einen toleranten, dialogbereiten Islam findet außerordentliche Resonanz in allen Bevölkerungsschichten.

Als Resultat der bisherigen Ausführungen ist festzuhalten, dass eine Koexistenz bzw. ein Dialog zwischen den großen monotheistischen Religionen grundsätzlich möglich ist. Besonders aus islamischer Sicht halte ich dies für unproblematisch, denn im Koran heißt es: *Es gibt keinen Zwang im Glauben* (2:256). Wo kein Zwang ist, dort können die Menschen in Frieden miteinander leben.

18. Frieden im Islam

Eine kurze Darstellung des islamischen Standpunktes zum Thema Frieden kann vielleicht dazu beitragen, den Begriff Dschihad abschließend zu verdeutlichen. Wie oben erwähnt, bedeutet Islam vom Wortstamm her auch "Frieden". Das Wort "Islam" bezeichnet die Ergebung in Gottes Willen sowie die von Gott für den Menschen vorgesehenen Lebensweise der friedvollen Hingabe, des Friedens mit Gott, den Mitmenschen, der Umwelt und sich selbst.

Im Koran heißt es:

> *...denn Versöhnung ist das Beste.* (4:128)

Der Prophet Muhammed sagte:

> *O Allah, Du bist der Friede. Von Dir kommt der Friede. So grüße uns, unser Herr, mit dem Frieden.* (Sammlung Muslim)

Gemäß dem islamischen Kriegsrecht ist es verboten, zum Krieg anzuhalten und ihn zu forcieren. Krieg ist zu verabscheuen, weil er den Menschen im Grunde nur Leid und Zerstörung bringt. Krieg ist ein Mittel, zu dem nur im Notfall gegriffen werden darf (vgl. Der Koran, 60:8). Frieden und Versöhnung sind im Islam Normalzustände. Der Prophet Muhammed hat in seinem ganzen Leben keinen Krieg angezettelt. Er kämpfte nur, wenn er angegriffen wurde, und rief immer wieder zum Frieden auf.

Im Koran heißt es:

> *Und wenn sie jedoch zum Frieden geneigt sind, so sei auch du ihm geneigt und vertraue auf Allah. Wahrlich, Er ist der Allhörende, der Allwissende.* (8:61)

Dem Islam zufolge müssen sich die Menschen auch im Krieg bestimmten Gesetzen unterwerfen, die dem Wohle der Allgemeinheit dienen. So gibt es einen Unterschied zwischen dem Krieg Führenden und dem Soldaten; die Tötung von Kindern, Frauen, Greisen, Kranken und Ordensleuten (die keine Kämpfer sind) ist nicht erlaubt. Jede Tötung oder Zerstörung außerhalb des äußerst Notwendigen ist untersagt. Die Gefangenen sollen gut behandelt und ihre kriegerischen Handlungen nicht als Verbrechen angesehen werden.

Auch in Bezug auf Krieg und Frieden besitzt der Prophet Muhammed eine Vorbildfunktion. Im Jahre 622 wanderte er nach Medina aus. Die Vertreibung Muhammeds und seiner Gefährten ging den Mekkanern aber noch nicht weit genug. Sie stellten außerdem an die Einwohner von Medina die Forderung, ihm und seinen Anhängern jeglichen Schutz zu entziehen und sie auszuweisen. Im zweiten Jahr nach der Auswanderung schickten sie ein mächtiges Heer gegen den Propheten. Der Kampf fand in Badr statt, wo die Mekkaner in die Flucht geschlagen wurden. Ein weiteres Jahr später fielen sie wiederum in Medina ein, um sich für die Niederlage von Badr zu rächen, zogen sich aber nach einem blutigen Kampf in Uhud zurück. Inzwischen hatten jedoch auch die jüdischen Einwohner von Medina begonnen, Unruhe zu stiften.

Der Prophet Muhammed versuchte nochmals, sich mit den Mekkanern zu versöhnen, und begab sich nach Hudaibiya. Hier schloss er mit den Mekkanern einen Friedensvertrag, der äußerst schwer zu erfüllende Klauseln enthielt. Der Prophet versprach den Mekkanern u. a. gesicherte Durchfahrt, die Auslieferung von mekkanischen Flüchtlingen, die sich zu ihm begeben würden, und die Erfüllung jeder anderen vom Feind gestellten Bedingung. Die beiden vertragschließenden Parteien gelobten 628 in Hudaibiya nicht nur den Frieden, sondern auch die Nichteinmischung in Streitigkeiten mit Dritten. Diesen Frieden nutzte der Prophet zur Entfaltung von vielerlei Aktivitäten zur Verbreitung seiner Religion, ohne dem Friedensvertrag zuwider zu handeln. Die Mekkaner aber zogen aus den Schwierigkeiten der Muslime Nutzen und verletzten ihrerseits den Vertrag. Daraufhin stellte sich der Prophet selbst an die Spitze einer Armee von zehntausend Mann und überraschte die Stadt Mekka, die er ohne Schwertstreich erobern konnte. Er versammelte die Bevölkerung um sich und rief ihr ihre Missetaten ins Gedächtnis: die religiöse Verfolgung, die ungerechte Beschlagnahme des Vermögens der Flüchtlinge, wiederholte Überfälle, zwanzig Jahre sinnloser Feindseligkeit. Schließlich stellte er ihr die Frage: "Und was erwartet ihr nun von mir?" Als alle beschämt das Haupt sinken ließen, rief Muhammed: "Geht in Frieden, und Gott verzeihe euch. Heute soll euch keine Buße auferlegt werden. Ihr seid frei." Denn *...es gibt keinen Zwang in der Religion.* (2:256) Er verzichtete sogar auf die Besitztümer, die die Mekkaner den Muslimen abgenommen hatten. Diese Haltung bewirkte augenblicklich eine Änderung des Verhaltens der Mekkaner gegenüber dem Islam.

In seinem Buch "Die Kriege des Propheten Muhammad" sagt Prof. Dr. Muhammad Hamidullah: "Während der zehn ‚Kriegs'jahre hatten die Nicht-Muslime auf den Schlachtfeldern alles in allem etwa 250 Tote zu beklagen. Dank dieses sinnvollen Eingriffs genas der arabische Kontinent vom Geschwür der Anarchie und Unsittlichkeit."

Im Islam gibt es eine stark ausgeprägte Neigung zum Frieden. Der Friede wird als eine gute Tat bezeichnet. Begriffe wie Mitleid, Barmherzigkeit, Vergebung und Toleranz sollten nach Auffassung des Korans beim Umgang mit anderen Menschen im Vordergrund stehen.

So heißt es im Koran:

> *Und die Diener des Erbarmers sind diejenigen, die in angenehmer Weise auf Erden wandeln; und wenn die Unwissenden sie anreden, sprechen sie freundlich (zu ihnen).* (25:63)

> *Und aus euch soll eine Gemeinschaft werden, die zum Guten einlädt und das gebietet, was rechtens ist, und das Unrecht verbietet.* (3:104)

Und der Prophet Muhammed sagte:

> *Verkündet, was froh macht, verkündet nicht, was erschreckt. Macht es den Menschen leicht, macht es ihnen nicht schwer.* (Sammlung Muslim)
>
> *Wer sich anderer nicht erbarmt, wird kein Erbarmen finden.* (Sammlungen Bukhari, Muslim)
>
> *Soll ich euch mitteilen, was noch besser ist als Fasten, Gebet und Almosen? Es ist: Aussöhnung schaffen.*
> (Sammlungen Abu Dawud, Tirmidhi)
>
> *Bei dem, in Dessen Hand meine Seele ist: Niemand von euch ist (wirklich) gläubig, bis er seinem Bruder das wünscht, was er sich selbst wünscht.* (Sammlungen Bukhari, Muslim)
>
> *Der Menschen Wohltäter ist, wer ihnen am meisten hilft.*
> (Hadith)

Vom vierten Kalifen Ali (dem Cousin und Schwiegersohn des Propheten Muhammed) ist folgender Ausspruch überliefert:

> *Die Muslime sind eure Glaubensbrüder und die Nicht-Muslime eure Menschenbrüder.*

18.1. Friedensabkommen in Hudaibiya

Der Prophet Muhammed zeigte beim Thema Versöhnung und Dialog große Opferbereitschaft und war bereit, Kompromisse einzugehen, die niemand außer ihm auf sich genommen hätte. Als Beispiel hierfür möchten wir das berühmte historische Abkommen von Hudaibiya genauer anführen. Der Koran sagt dazu in der Fath-Sure: *Wahrlich, Allah bewahrheitete Seinem Gesandten das Gesicht.* (48:27)

Der Prophet Muhammed hatte in seinem Traum gesehen, dass ihm und seinen Gefährten die Haare abgeschnitten wurden - wie es das Gesetz über die Pilgerfahrt traditionell vorschreibt - und sie Mekka im Frieden erreichten. Von dem Traum, den später auch der eben genannte Koranvers bestätigte, erzählte er sodann seinen Gefährten. Daraufhin machte sich der Prophet mit ihnen auf den Weg nach Mekka, das damals in der Hand von Götzenanbetern war, um das Ritual der Umschreitung der Ka`ba durchzuführen. Die Mekkaner jedoch stellten sich ihnen in der Ortschaft Hudaibiya entgegen und verhinderten ihre Weiterreise. Der Prophet Muhammed wollte verhandeln, aber die Götzenanbeter stellten kaum annehmbare Bedingungen. Im Abkommen, das schließlich getroffen werden sollte, fand sich folgender Satz: "Dies sind die Bedingungen des Abkommens zwischen dem Propheten Gottes Muhammed und den Mekkanern". Dem widersprachen die Mekkaner und sagten: "Wenn wir dich als Propheten Gottes anerkennen würden, könnten wir sowieso nicht verhindern, dass du nach Mekka gelangst. Wir fordern deshalb, dass der Ausdruck ,Prophet Gottes Muhammed' durch den Namen Muhammed ibn Abdullah ersetzt wird." Diese Bedingung war für den Propheten nahezu inakzeptabel, denn der Islam beruht auf der Basis der Formel: Es gibt keine Gottheit außer Gott und Muhammed ist der Gesandte Gottes.

Ausschließlich des Dialogs und der Versöhnung willen billigte der Prophet Muhammed den Wunsch der Mekkaner nach einer Umformulierung dieses Satzes, obwohl Ali und alle anderen Gefährten Widerspruch einlegten. Die Mekkaner sagten weiter: "Kehrt nun nach

Hause zurück, die Pilgerfahrt nach Mekka dürft ihr erst im nächsten Jahr unternehmen. Dieser Punkt soll auch im Abkommen festgehalten werden." Auch diese Bedingung war unerträglich, denn sie hatten Mekka schon fast erreicht. Außerdem spielte nun der Traum Muhammeds eine große Rolle. Besonders Umar, einer seiner engsten Gefährten, fühlte sich dadurch verletzt, dass der Traum nicht Wirklichkeit werden sollte. Trotz dieser schwierigen Situation akzeptierte Muhammed, um Frieden und Versöhnung zu schaffen, auch diese zweite Forderung der Mekkaner. Der Abgesandte aus Mekka, Suhail, stellte daraufhin noch eine weitere Bedingung für das Zustandekommen des Abkommens: "Wenn jemand von uns zu dir kommt, musst du ihn auch dann zu uns zurück schicken, wenn er deine Religion angenommen hat." Auch dies akzeptierte der Prophet.

Abu Dschandal, der Sohn von Suhail, hatte sich schon zuvor zum Islam bekehrt und war deshalb in Mekka angekettet worden. Er konnte sich jedoch befreien und kam mit Ketten an den Füßen während der Verhandlungen in Hudaibiya an und warf sich auf die Seite der Muslime. Sein Vater Suhail sagte starrsinnig: "O Muhammed, zunächst möchte ich, dass du mir meinen Sohn zurückgibst!" Der Prophet bat daraufhin Suhail: "Lass ihn bei uns, er hat für sich selbst entschieden." Suhail willigte trotzdem nicht ein. Der Prophet beharrte auf seinem Wunsch, Suhail änderte aber seine Meinung nicht. Abu Cendel sagte: "Ihr Muslime, wenn ich als Muslim zu euch komme, werde ich also den Götzenanbetern ausgeliefert. Seht ihr denn nicht, in welcher Lage ich mich befinde?" Auf dem Weg zu Gott hatte man ihm viel Leid angetan. Nun platze Umar der Kragen, er ging zum Propheten und fragte ihn: "Sind wir nicht im Recht?" Der Prophet Muhammed bejahte das. Umar insistierte weiter: "Warum lassen wir uns also so erniedrigen?" Der Prophet entgegnete: "Ich bin der Gesandte Gottes. Ich darf mich nicht gegen Gott auflehnen. Er ist mein Helfer." Umar fragte: "Hattest du uns aber denn nicht gesagt, dass wir die Ka`ba, das Haus Gottes, erreichen und sie umschreiten?" Der Prophet antwortete: "Das stimmt, aber habe ich auch gesagt, dass wir das in diesem Jahr tun?" Umar verneinte. Der Prophet weiter: "Du wirst noch einmal dorthin gehen und die Ka`ba umschreiten." (Sammlungen Bukhari, Muslim)

Unter den gegebenen unerträglichen Bedingungen bemühte sich der Prophet Muhammed, sich über alle, auch seine eigenen, Bedenken hinwegzusetzen. Warum dieses Nachgeben? Um für zehn Jahre (die Gültigkeitsdauer dieses Abkommens) Frieden zu schaffen; denn zuvor hatten sich die Muslime in den Kriegen mit den Mekkanern in den Ortschaften Badr, Uhud und Handak im Kampf gegenüber gestanden, und auf beiden Seiten wurden viele Menschen getötet. Durch einen Frieden sollten die Anstrengungen des Kampfes, die Spannungen der Feindschaft und der Druck abgebaut werden. Die Menschen, die von einer solch angespannten Atmosphäre entlastet würden, würden in Ruhe nachdenken können und sich bemühen, sich einander näher kennen zu lernen. Um eine Auflockerung der Stimmung vorzubereiten, sollte sich jeder der Kriegspsychologie entziehen können. Die Zeit für einen Frieden war reif.

Trotz aller Bedenken nahm der Prophet Muhammed das Abkommen an. Seine Haltung, um des Friedens willen auch Kompromisse zu schließen, ist ein ausgezeichnetes Vorbild für die ganze Menschheit. Auch in der Welt von heute, mehr als 1300 Jahre nach dem Tod des Propheten, braucht die Menschheit - vielleicht sogar dringlicher denn je - von Toleranz geprägtes Verhalten.

19. Die Stellung der Frau im Islam

Im Koran wird darauf hingewiesen, dass Gott alles paarweise erschaffen hat. Mann und Frau z.B. sind zwei Teile eines Ganzen, die sich gegenseitig ergänzen und sich nicht etwa wie Feinde um die Rechte ihrer eigenen Interessen streiten. Gott hauchte beiden Seinen Geist ein und wies beiden ihren Platz im Paradies zu. Sie lebten dort zusammen, aber sie sündigten und mussten um Gnade bitten. Beiden wurde vergeben, und zusammen wurden sie auf die Erde geschickt. Hier besteht ihre Aufgabe darin, Gott zu dienen und neue Menschengenerationen zu zeugen, die dann ebenfalls Gottes Willen Folge zu leisten haben.

Im Islam ist die Frau weder von Natur aus schlecht noch minderwertig. Sie ist auch kein sexuelles Objekt. Die Ehefrau ist vielmehr die Freundin ihres Ehemannes und eine Quelle des Glücks. Sie ist die Königin ihres Haushalts und ihrer Familie. In Bezug auf die Rolle der Frau als Gattin existiert ein berühmter Ausspruch des Propheten Muhammed: *Der Beste unter euch ist der, der seine Frau am besten behandelt.* Außerdem heißt es an den Mann gerichtet im Koran: *Verkehrt in Billigkeit mit ihnen.* (4:19) Diese Verse widersprechen jedoch nicht dem Konsens, dass die Frau ihrem Ehemann gegenüber gehorsam zu sein und ihren Pflichten ihm gegenüber nachzukommen hat.

Die Frau ist auch Mutter. Ihre Stellung wird in der islamischen Tradition hoch gepriesen: *Das Paradies liegt unter den Füßen eurer Mütter* (Hadith). In der Familie ist sie eine gefühlvolle Erzieherin und eine Quelle der Barmherzigkeit.

Von Natur aus herrscht zwischen den beiden Geschlechtern keine vollkommene Gleichheit, sondern Aufgabenteilung.

19.1. Rechte und Pflichten der Frau

Die Frau hat im Islam u.a. folgende Rechte und Pflichten: Grundsätzlich gilt, dass die Frau, was die Anbetung Gottes, Bestrafung oder Belohnung und den ihr gebührenden Respekt als Geschöpf Gottes betrifft, auf derselben Stufe wie der Mann steht. Sie soll in allen Bereichen die gleiche Erziehung wie der Mann genießen. Das gilt auch für die Schulbildung, denn im Islam ist es die Pflicht eines jeden Muslims, nach Wissen zu streben.

Die Frau hat das Recht, ihren zukünftigen Ehemann selbst zu wählen. Bei der Heirat kann sie von ihrem Ehemann die Zahlung einer so genannten Morgengabe (*mahr*) verlangen. Dies ist eine vertraglich festgelegte Summe, die die Frau bei der Heirat von ihrem Gatten erhält und die nach islamischem Recht als Heiratsgut gilt. Die Morgengabe ist keine Mitgift, denn es besteht keine ausdrückliche Verpflichtung, eine solche zu leisten. Ohne die Morgengabe jedoch ist die Heirat ungültig. Hierüber entscheidet jedoch die Frau. (4:4)

Nach islamischem Recht darf die Frau uneingeschränkt über ihr Vermögen verfügen. Auch beim Erwerb von Besitz hat sie dieselben Rechte wie der Mann. Bei Erbschaften wird die Frau nach einem im Koran genannten Schlüssel mit berücksichtigt (4:11-12).

Unter bestimmten Voraussetzungen ist es ihr erlaubt, außer Hauses zu arbeiten. Viele islamische Rechtsgelehrte billigen ihr das Wahlrecht zu. Der Mann darf die sexuelle Befriedigung seiner Frau nicht vernachlässigen und sie grundsätzlich nicht verweigern. Die Frau hat das Recht, von sich aus die Scheidung zu verlangen.

Der Koran schreibt der Frau die Verhüllung ihrer Reize vor (24:31). Der Sunna zufolge müssen Frauen ihren ganzen Körper mit Ausnahme von Händen und Gesicht, die Männer mindestens den Teil zwischen Bauchnabel und Knie bedecken. Unumstritten ist auch, dass Männer wie Frauen sich nicht aufreizend kleiden dürfen.

Der vollkommenste Gläubige ist derjenige, der die vollkommensten Eigenschaften hat und der seiner Frau gegenüber am sanftesten ist. (Sammlungen Tirmidhi, Nasa`i)

19.2. Eheschließung im Islam

Nach islamischem Recht sollte jeder erwachsene Muslim eine Ehe schließen. Die Ehe verhindert das Leben in Sünde. Sie legt dem Mann die Pflicht auf, für Frau und Kinder Sorge zu tragen. Der Ehemann hat in erster Linie für das materielle Wohlergehen zu sorgen, die Ehefrau in erster Linie für den Haushalt und die Erziehung der Kinder. Familienentscheidungen sollten in beidseitigem Einvernehmen getroffen werden.

Die Eltern können auf Grund ihrer Erfahrungen ihren Kindern dabei behilflich sein, einen geeigneten Lebensgefährten zu suchen, das letzte Wort aber haben in jedem Falle die beiden Beteiligten.

Zur Schließung einer Ehe sind folgende Grundsätze zu beachten: die Partner dürfen einander nicht verwehrt sein, beide Partner müssen der Eheschließung zustimmen, die Morgengabe, die die Frau von ihrem Gatten erhält, muss festgesetzt sein. Die Eheschließung muss in Gegenwart von zwei Zeugen stattfinden.

Nach der islamischen Rechtsprechung darf eine muslimische Frau außerdem keine Ehe mit einem nicht-muslimischen Mann schließen.

Die Mehrehe ist unter besonderen Bedingungen im Ausnahmefall gestattet. Sie repräsentiert jedoch nicht den Normalfall. Entscheidend ist vor allem die Zustimmung der Frau, und zwar sowohl die der ersten, als auch die der potenziellen zweiten Frau. Anlässlich der Heirat kann die Frau auch im Ehevertrag bestimmen, dass ihr Mann keine zweite Frau nehmen darf. Der Koran fordert jedenfalls den Mann auf, nur eine Frau zu heiraten.

Die Ehe kann und soll - falls unvermeidbar - geschieden werden. Auch die Frau besitzt ein Recht auf Ehescheidung.

Für ein Eheleben, das den Richtlinien des Islam entspricht, hat der Prophet Muhammed den folgenden klugen Rat gegeben:

> *Heiratet keine Frau nur um der Schönheit willen - vielleicht wird diese Schönheit zu moralischer Minderwertigkeit führen; heiratet nie nur um des Reichtums willen - vielleicht wird der Reichtum zur Ursache von Unbotmäßigkeit; beachtet bei der Heirat vielmehr die Frömmigkeit.*
> (Sammlung Ibn Madscha)

20. Rechte der Kinder

Kinder genießen im Islam Priorität. Der Schutz der Familie ist, wie bereits an anderer Stelle erwähnt, eines der 5 Grundrechte im Islam. Stichpunktartig folgen nun einige Punkte, die Eltern gegenüber ihren Kindern beachten sollten:

* Zukünftige Eltern müssen sich von Alkohol und Drogen fernhalten und Milieus, in denen ansteckende Krankheiten (z.B. AIDS) grassieren, meiden.

* Bereits im Mutterleib besitzt ein Kind Rechte. Nach 120 Tagen gilt es als vollwertiger Mensch. Eine Schwangerschaft darf danach nicht mehr unterbrochen werden, sofern nicht das Leben der Mutter in Gefahr ist.

* Kinder sollten 2 Jahre lang gestillt werden (2:233). Wie wichtig und wertvoll die Muttermilch für die Entwicklung von Kindern ist, hat die Wissenschaft längst bewiesen.

* Jedes Kind hat das Anrecht auf einen schönen Namen.

* Eltern müssen ihre Kinder so sorgsam erziehen wie möglich.

* Söhne müssen beschnitten werden.

* Kinder sollten wie Erwachsene behandelt werden, sie sollten spüren, dass sie wertvoll sind und geliebt werden; sie sollten einzeln begrüßt und im Krankheitsfalle besucht werden.

* Kinder dürfen nicht körperlich misshandelt werden.

* Falls Kinder Probleme haben, müssen diese ausgeräumt werden.

* Dem islamischen Recht gemäß sollten Richter bei Ehescheidungen mit Rücksicht auf die Kinder urteilen.

Als Vorbild im Umgang mit Kindern kann den Muslimen der Prophet Muhammed dienen:

Der Prophet Muhammed empfand es nicht als schlimm, Kindern zuliebe das Gebet zu verkürzen. Als er einmal gerade dabei war, den Koran zu rezitieren, sah er seinen Enkel alleine hereinkommen. Da unterbrach er seinen Vortrag und kümmerte sich sofort um das Kind. Seine Begründung: *Beim Gebet möchte ich gern lange Verse lesen, doch wenn ich ein Kind weinen höre, mache ich es so kurz wie möglich, damit die Mutter nicht in Sorge gerät.*

Oft näherte er sich spielenden Kindern, begrüßte und ermunterte sie. Den Eltern empfahl er: *In Gegenwart eurer Kinder seid auch ihr wie Kinder und spielt mit ihnen.*

Einmal sagte er: *Fürchtet euch vor Gott und behandelt eure Kinder gerecht.*

Aber auch Eltern haben gegenüber ihren Kindern Rechte. So sind die Kinder dazu angehalten, ihre Eltern zu lieben und zu ehren. Sie sollen auf sie hören und für sie sorgen, wenn sie Hilfe benötigen. Im Koran heißt es:

> *Und wir haben dem Menschen anbefohlen, gegen seine Eltern gütig zu sein. Seine Mutter trug ihn wider Willen, und wider Willen brachte sie ihn zur Welt.* (46:15)
>
> *Und dein Herr hat befohlen: "Verehrt keinen außer Ihm, und (erweist) den Eltern Güte. Wenn eine Elternteil oder beide bei dir ein hohes Alter erreichen, so sage dann nicht ,Pfui!' zu ihnen und fahre sie nicht an, sondern sprich zu ihnen in ehrerbietiger Weise."* (17:23)

21. Die islamische Kultur - einige Umgangsformen

21.1. Die Begrüßung

Die Begrüßung besitzt in der islamischen Kultur einen hohen Stellenwert. Zwei Muslime, die sich kennen, sind dazu aufgefordert, einander zu begrüßen. Diese freundschaftliche Geste stärkt das Band zwischen den Menschen. Sie setzt ein Zeichen für zwischenmenschliche Solidarität und setzt sich über eventuell bestehende Streitigkeiten hinweg. Sie fördert die Liebe zu den Mitmenschen, führt dazu, dass man sich besser kennen lernt und unterstützt den Dialog. Ein Muslim hat gegenüber anderen Muslimen Ansprüche und Pflichten: Er hat - wie schon erwähnt - Anspruch darauf, von einem anderen Muslim, den er persönlich kennt, begrüßt zu werden. Muslime sollten sich gegenseitig Besuche abstatten, vor allem dann, wenn Krankheiten oder andere Probleme bestehen. Außerdem muss ein Muslim ihm bekannten gestorbenen Muslimen das Totengeleit geben. All diese Rechte und Pflichten führen jedoch über die Begrüßung.

Auch der Koran hält die Begrüßung für wichtig und empfiehlt uns:

> *Und wenn ihr mit einem Gruß gegrüßt werdet, so grüßt mit einem schöneren wieder oder erwidert ihn. Wahrlich, Allah legt Rechenschaft über alle Dinge ab.* (4:86)

> *O ihr, die ihr glaubt, betretet keine anderen Wohnungen als die euren, bevor ihr nicht um Erlaubnis gebeten und ihre Bewohner gegrüßt habt. Das ist besser für euch, wenn ihr euch ermahnen lasst.* (24:27)

Einige Hadithe sprechen die Begrüßung ebenfalls an: *Der Beste von ihnen ist der, der zuerst grüßt.* (Sammlungen Bukhari, Muslim, Abu Dawud)

Wer seinen Bruder trifft, der soll ihn grüßen.
(Sammlung Abu Dawud)

Es ist nicht erlaubt, dass ein Muslim seinem muslimischen Bruder über drei Nächte aus dem Weg geht, sodass, wenn sie sich treffen, der eine sich abwendet und der andere sich abwendet. Der Beste von ihnen ist der, der zuerst grüßt.
(Sammlungen Bukhari, Muslim)

Wenn ihr nicht glaubt, könnt ihr nicht ins Paradies gehen, wenn ihr euch gegenseitig nicht liebt, könnt ihr nicht gläubig sein. Wollt ihr, dass ich euch eine Tat empfehle, durch die ihr euch gegenseitig lieben werdet, wenn ihr es tut? Verbreitet den Gruß unter euch! (Sammlungen Abu Dawud, Tirmidi)

Die Grußformel der Muslime lautet "Der Friede sei mit euch!"; Muslime begrüßen einander mit den Worten *"as-salâmu alaikum"* und *"wa alaikum as-salâm"* (als Gegengruß). Handschlag und Umarmung bei der Begrüßung sind weit verbreitet. Ein Gruß gilt als ein Almosen. Auch zum Abschluss des Gebets wird der Friedensgruß in der Form *"as-salâmu alaikum wa rahmatullâh"* (Der Frieden und die Gnade Allahs seien mit euch) gesprochen.

Die Begrüßung hat ihre eigenen Regeln: So grüßen

- die Jungen zunächst die Älteren,
- die Stehenden die Sitzenden und
- die Vorübergehenden die Arbeitenden.

21.2. Die Sauberkeit

Der Islam legt großen Wert auf Sauberkeit. Im Koran steht geschrieben:

> *Allah liebt diejenigen, die sich (Ihm) reuevoll zuwenden und die sich reinigen.* (2:222; 9:108)

Der Prophet Muhammed sagte:

> *Die Reinheit ist die Hälfte des Glaubens.*
>
> *Der Schlüssel zum Gebet ist die Reinheit.*

Der Islam ist die Religion der Reinheit. Zu Gott beten zu dürfen setzt voraus, dass der Mensch rein ist.

Man unterscheidet zwischen innerer und äußerer Reinheit:

Die innere Reinheit

Die innere Reinheit ist die Reinheit der Seele. Sich innerlich zu reinigen heißt, sich von begangenen Sünden zu reinigen. Da der Mensch aus Leib und Seele besteht, ist er nur dann wirklich rein, wenn er sowohl innerlich als auch äußerlich rein ist.

Der Weg, auf dem man sich Gott nähern und Sein Wohlgefallen erlangen kann, führt über die innere Reinheit.

Wie aber reinigt man sich innerlich? Innere Reinheit erreicht der Mensch dadurch, dass er an Gott glaubt und den Geboten Gottes folgt. Negative Gefühle und schlechte Gedanken sollten in den Herzen und Seelen der Muslime keinen Platz finden. Muslime sollten versuchen, allem etwas Positives abzugewinnen und möglichst den guten Seiten der Dinge mehr Beachtung schenken als den schlechten. Denn wer Gutes sieht, hat positive Gedanken, und wer positiv denkt, kann sein Leben genießen.

Die äußere Reinheit

Den Körper äußerlich sauber zu halten, heißt zunächst einmal, den Körper nicht zu vernachlässigen. Denn dieser wurde uns in seiner vollkommenen Form von Gott geschenkt. Keinesfalls dürfen wir unserem Körper bewusst Schaden zufügen. Wir sollten also so gesund wie möglich leben.

Im Koran weist Gott uns darauf hin, wie wichtig die äußere Reinheit ist: *...und reinige deine Kleider.* (74:4)

Der Prophet Muhammed, der sich auch in diesem Punkt vorbildlich verhält, geht mehr ins Detail. Er empfiehlt u.a., dass man sich regelmäßig die Fingernägel schneidet, damit sich im Nagelbett keine Krankheitserreger sammeln, dass man sich mindestens einmal am Tag (vor dem Zubettgehen) die Zähne putzt, dass man seine Haare sauber hält, dass man nicht in die Moschee geht, wenn man zuvor Knoblauch oder Zwiebeln gegessen hat (dass man also Mundgeruch vermeidet).

Um den Körper sauber zu halten, sollte man mindestens einmal pro Woche baden. Vor und nach dem Essen sind die Hände zu waschen. Besondere Aufmerksamkeit gilt auch der Reinheit auf der Toilette. Dem Islam zufolge ist Urin selbst unrein und verunreinigt auch den Menschen. Die Ausscheidungsorgane sind mit Wasser zu reinigen (*istindscha*). Dies geschieht ausschließlich mit der linken Hand. Laut der Sunna des Propheten sollten auch Männer im Sitzen urinieren. Dafür sprechen auch medizinische Gründe. Nach dem Urinieren ist es wichtig, das Tröpfeln des Harns zu unterbinden (*istibra*), um sich äußerlich rein zu halten. In einem Hadith heißt es: *Haltet euch fern vom Urin, denn die meisten Bestrafungen im Grab erfolgen wegen des Urins.*

Saubere Menschen werden sowohl von Gott als auch von ihren Mitmenschen geliebt und respektiert. Die persönliche Reinheit ist eine Sache der Gewöhnung. Wer weder auf seine innere noch auf seine äußere Reinheit achtet, seine Umwelt verschmutzt oder achtlos auf den Boden spuckt, schadet sich selbst und anderen.

21.3. Nachbarschaft

Und dient Allah und setzt ihm nichts zur Seite; und seid gut zu den Eltern und zu den Verwandten, den Waisen, den Armen, dem Nachbarn, sei er verwandt oder aus der Fremde, dem Begleiter an der Seite, dem Sohn des Weges und zu dem, den ihr von Rechts wegen besitzt. Seht, Allah liebt nicht den Hochmütigen und Prahler. (4:36)

Der Koran weist mit diesen Versen darauf hin, wie wichtig es ist, ein gutes Verhältnis zu seinen Nachbarn zu unterhalten. Nachbarschaftliche Beziehungen sollten gepflegt werden, indem man sich gegenseitig grüßt, einander unterstützt, freundlich miteinander umgeht und nicht die Rechte anderer verletzt. Basis einer guten nachbarschaftlichen Beziehung ist das gegenseitige Vertrauen.

Auch einige Hadithe finden zu diesem Thema deutliche Worte:

Ein Muslim ist jemand, der den Muslimen weder mit seiner Zunge noch mit seiner Hand schadet. Ein Gläubiger ist jemand, dem die Menschen ihr Blut und Habe anvertrauen. Ein Ausgewanderter ist jemand, der sich von dem entfernt, was Gott verboten hat. (Sammlungen Abu Dawud, Nasa`i)

Verachte die kleinste gute Tat nicht, auch wenn sie darin besteht, dass du deinem Bruder mit freundlichem Gesicht begegnest. (Sammlung Muslim)

Bei dem, in dessen Hand meine Seele ist: Niemand von euch ist (wirklich) gläubig, bis er seinem Bruder das wünscht, was er sich selbst wünscht. (Sammlungen Bukhari, Muslim, Tirmidhi)

Wer an Gott und an den Jüngsten Tag glaubt, soll Gutes reden oder schweigen. Wer an Gott und an den Jüngsten Tag glaubt, soll seinen Nachbarn ehren. Wer an Gott und an den Jüngsten Tag glaubt, soll seinen Gast ehren. (Sammlung Bukhari)

22. Islam und Wissenschaft

Schon in der ersten Offenbarung, die Gott den Menschen durch den Propheten Muhammed gesandt hat, regt Er uns an, zu lesen und zu schreiben:

> *Lies im Namen deines Herrn, der erschuf. Er erschuf den Menschen aus einem Blutklumpen. Lies; denn dein Herr ist gütig, der mit dem Schreibrohr lehrt, lehrt den Menschen, was er nicht wusste.* (96:1-5)

Sich den Islam ohne Wissenschaft vorzustellen, ist undenkbar. Dem Islam zufolge ist jeder einzelne Mensch - ob Mann oder Frau - verpflichtet, sich Wissen anzueignen, denn im Koran heißt es:

> *Diese Gleichnisse führen Wir den Menschen an. Aber nur die verstehen sie, die Wissen besitzen.* (29:43)

> *Allah fürchten unter Seinen Dienern eben die Gelehrten.* (35:28)

> *Sind etwa diejenigen, die wissen, und diejenigen, die nicht wissen, gleich?* (39:9)

> *Allah wird die unter euch, die gläubig sind, und die, denen Wissen gegeben wurde, um Rangstufen erhöhen.* (58:11)

> *Und verfolge nicht das, wovon du keine Kenntnis hast. Wahrlich, das Ohr und das Auge und das Herz - sie alle sollen zur Rechenschaft gezogen werden.* (17:36)

Der Prophet Muhammed sagte:

Wenn jemand seinen Weg geht um nach Wissen zu streben, dann wird Gott ihm den Weg ins Paradies leicht machen. (Sammlung Muslim)

Drei Arten von Menschen legen am Tage des Gerichtes Fürbitte ein: Erst die Propheten, dann die Gelehrten, dann die Märtyrer. (Sammlung Ibn Madscha)

Der Islam legt großen Wert auf die Vernunft und andere Fähigkeiten des Menschen, auf Grundlage derer er die Natur verstehen und die Geheimnisse der Schöpfung entdecken kann, um auf diese Weise Gott, seinen Schöpfer, zu bezeugen und Ihn anzubeten.

Der Koran lädt den Menschen ein, ständig nachzudenken und das ihm von Gott verliehene Geschenk des Intellekts zu nutzen. Er ermutigt den Menschen, über das Universum und die Ereignisse, die in ihm stattfinden, intensiv nachzudenken und die Geheimnisse, die in ihm verborgen sind, zu entdecken sowie sein erworbenes Wissen zum allgemeinen Wohle der Menschheit zu verwenden. *Und dass dem Menschen nichts anderes zuteil wird als das, wonach er strebt.*, heißt es im Koran (53:39).

Dem Koran zufolge ist die Natur als ein wunderbares Schöpfungswerk Gottes zu betrachten. Der Koran appelliert immer wieder an die Gefühle und andere Fähigkeiten des Menschen und ruft ihn dazu auf, über seine eigene Existenz und Natur und über seine Umwelt nachzudenken. Laut Koran müssen Wissen und Gerechtigkeit Hand in Hand gehen. Er verspricht den höchsten Rang und eine Belohnung für diejenigen, die ein rechtschaffenes Leben auf der Grundlage eines festen Glaubens führen. Die koranischen Vorschriften machen klar, dass der Reichtum eines Menschen in dieser Welt von seinem Wissen und von seiner Fähigkeit abhängt, es anzuwenden, um die Ressourcen der Natur, die von Gott geschaffen wurden, nutzbar zu machen. Das setzt natürlich Forschung, sorgfältiges Beobachten und Experimentieren voraus. Der Prophet Muhammed führte durch seine Worte und

Handlungen die koranischen Vorschriften vor und hielt die Gläubigen dazu an, nach Wissen im modernen Sinne des Begriffs "Wissen" zu streben. Genau aus diesem Grunde engagierten sich Muslime in der Vergangenheit mit solch einem Mut und setzten sich dafür ein, ihr Wissen und ihre Handlungen am Glauben zu orientieren. Das Ergebnis war, dass die Muslime die Welt innerhalb kürzester Zeit mit ihrem Unternehmungsgeist und ihren Errungenschaften auf allen Gebieten der Wissenschaft und Technologie mit neuen elementaren Prinzipien und Ideen überraschten. Die Welt hat diese Entwicklung ganz richtig als ein Wunder betrachtet.

Dem Islam zufolge sind weder das Streben nach Wissen, Kunst und Technologie noch materieller Reichtum Selbstzweck. Sie sind nur Mittel, um das Wohlgefallen Gottes zu erlangen. Diese Mittel sind so weit legitim, als dass sie nicht mit der grundlegenden Struktur der Prinzipien, die der Koran für das moralische und geistige Weiterkommen des Menschen als das richtige Umfeld proklamiert, in Konflikt geraten.

Muslimische Gelehrte haben die Wissenschaft niemals vergöttert. Der Islam bejaht aber die moderne Wissenschaft und deren Entwicklungen in Hinblick auf das Leben, das Verständnis der Natur und des Menschen und der Lösung vitaler Probleme des Menschen, seien sie materieller oder geistiger Art. Darüber hinaus sollte die Wissenschaft auf Grund ihrer Natur ein Mittel sein, um wahres Glück sowohl im Diesseits als auch im Jenseits zu erlangen, da sie den Menschen befähigt, seinen Schöpfer zu erkennen. Ansonsten kann die Wissenschaft, wie die jüngste Phase der Menschheitsgeschichte beweist, zu einer tödliche Waffe in den Händen einer verantwortungslosen Minderheit werden. Denn Wissen ohne geistige und moralische Werte muss zu einer Degeneration des sozialen menschlichen Lebens führen. Man mag nun fragen, was ein Muslim vom Wissen erwartet. Als Antwort möchten wir die Meinung des islamischen Philosophen Al-Ghazzali über die Wissenschaft zitieren:

Das Wissen ist die Quelle des Glücks im Diesseits und im Jenseits. Denn es ist das Wissen, das einen Menschen dazu bringt, an Gott zu glauben, und ihm moralische Verantwortung einpflanzt. Weiterhin ist es das Wissen, das den Menschen zur Liebe Gottes führt.

Der Islam ist nie ein Hindernis für die Weiterentwicklung des Wissens in der Wissenschaft oder in der Kunst gewesen. Besonders vom 8. bis zum 13. Jahrhundert wurden in der islamischen Welt in fast allen Bereichen der Wissenschaft große Fortschritte erzielt. Im Folgenden einige prominente Vertreter:

1) **Religiöse und philosophische Wissenschaften:** al-Kindi (Alkindus, 796-866), al-Ghazali (1058-1111), al-Farabi (870-950), Ibn Sina (Avicenna, 980-1037; bekannt auch im Bereich Medizin), Ibn Ruschd (Averroes; 1126-1198; machte Aristoteles im Westen bekannt; verfasste Bücher über Physik, Astronomie und Medizin), Ibn al-Arabi (1164-1240).

2) **Recht:** asch-Schafii (767-820), Abu Hanifa (699-767).

3) **Geschichte und Soziologie:** Ibn Ishaq (gest. 769), Ibn Khaldun (1332-1406; berühmt mit seinem Meisterwerk *al-Muqaddima*).

4) **Erdkunde und Topographie:** Ibn Hauqal (um 975), Piri Reis (berühmt durch seine Weltkarte von 1513).

5) **Astronomie:** Ibn Ruschd (entdeckte die Sonnenflecken), Umar Khayyam (ca. 1038-1123), al-Battani (Albatenius, 858-929). Unter dem Kalifen Ma`mun (gest. 830) wurde der Erdumfang mit einer erstaunlichen Genauigkeit gemessen.

6) **Botanik:** ad-Dinawari (gest. 895) (Die botanische Enzyklopädie).

7) **Medizin:** Ibn Sina (Buch der medizinischen Gesetze [*al-Qanun*]),

ar-Razi (Rhazes, 865-925; verfasste über 184 Bücher u.a. in den Bereichen Medizin und Chemie), Ibn an-Nafis (gest. 1288; entdeckte den Blutkreislauf).

8) **Zoologie:** Dschahiz (gest. 868); verfasste eine große, weitverbreitete Abhandlung über das Leben der Tiere.

9) **Optik:** al-Kindi (Das Buch der Strahlen), Ibn al-Haitham (Alhazen, 965-1039; verfasste noch viele weitere Werke in anderen Wissenschaften wie Chemie, Physik und Mathematik).

10) **Mathematik:** Khwarizmi (gest. 863; weltberühmter muslimischer Mathematiker und Vater der Algebra), Umar Khayyam (ein hervorragender Algebraiker), al-Biruni (973-1051; Verfasser von 180 Werken in verschiedenen Wissenschaftszweigen wie z.B. Astronomie, Medizin, Soziologie, Geographie), al-Battani (858-929; einer der Begründer der Trigonometrie), Nasireddin at-Tusi (1201-1274; war u.a. Mathematiker, Astronom, Physiker, Philosoph). Wörter wie Algebra, Ziffern usw. sind arabischen Ursprungs.

11) **Chemie:** Dschabir Ibn Khayyam (721-815; erster Muslim, der im Bereich der Chemie Grundlagenforschung betrieb).

Wenn der Mensch stirbt, hören seine Werke auf, außer dreierlei: einem auch weiterhin gemeinnützigen Almosen (Spenden), oder dem Wissen, das nutzbar ist, oder einem wahrhaften Nachkommen, der für ihn bittet. (Sammlung Muslim)

Wissenschaft ist: Wissen erwerben.
Wissenschaft: sich selbst zu kennen.
Wenn du dich nicht selber kennst,
Was soll all das Lesen nützen?

(Yunus Emre, *berühmter türkischer Volksdichter*)

22.1. Islamische Kunst

Im Koran heißt es:

> *Wir haben den untersten Himmel wahrlich mit Leuchten geschmückt.* (67:5)
>
> *Gott ist schön und liebt die Schönheit.* (Sammlung Muslim)

Der Islam betont stets die Wichtigkeit, ein Gleichgewicht zwischen Körper und Geist zu schaffen und zu bewahren. Er lehrt Mäßigung und Bescheidenheit in allen Dingen, fördert die natürlichen Begabungen und bemüht sich, den Menschen zu einem harmonischen Ganzen zu erziehen. Dabei spielt die Kunst eine große Rolle, denn die Liebe zu den schönen Künsten ist dem Menschen angeboren.

Auch im Bereich der Kunst haben Muslime große Leistungen erbracht. Eine traditionelle Kunstform ist z.B. die Kalligraphie. Diese Disziplin entstand durch die Notwendigkeit, den Koran abzuschreiben und so zu vervielfältigen. Schrift wurde so zu einem Kunstwerk.

Der Koran ermuntert den Menschen zum Bau von Moscheen (24:36). Die Süleymaniye-Moschee und die Blaue Moschee in Istanbul, das Grabmal Tadsch Mahal in Agra (Indien), der Palast der Alhambra in Granada, der Felsendom in Jerusalem und andere Baudenkmäler beweisen, welch großartigen Beitrag die Muslime zur Architektur geleistet haben.

Schon in der vorislamischen Zeit war die Dichtkunst unter den Arabern weit verbreitet. Der Islam hat dieser Kunst eine ganz neue Dimension verliehen.

23. Der Islam, die Religion der Weisheit

Der Islam ist eine Religion der Weisheit, wenn wir unter Weisheit den "geheimen Sinn" und "die Kenntnisse über die Ziele und Existenzgründe der Natur und des Universums sowie die göttlichen Geheimnisse und Absichten, auf denen die Existenz und die Schöpfung der Natur und des Universums beruhen" verstehen.

Weisheit bedeutet, auf geistliche und wissenschaftliche Weise die Wahrheit zu erlangen. Weisheit auf Gott bezogen heißt, dass Gott die Geschöpfe erkennen lässt und sie in bester Form schafft. Auf den Menschen bezogen bedeutet Weisheit, dass der Mensch die Geschöpfe kennt und gute Werke tut. Weisheit steht außerdem für Wissen und Handeln und dafür, dass Wort und Tat übereinstimmen. Wenn der Islam von "Weisheit" redet, dann meint er also Wissen um den rechten Weg (zum Beispiel dass Alkohol schadet), das richtige Handeln (nicht zu trinken) und Führung anderer (Alkoholgenuss nicht zuzulassen). Weisheit verlangt, dass alle drei Punkte in ausgewogenem Verhältnis zueinander stehen. Wenn Wissen brach liegt, ist es nutzlos. Wer unwissend und ohne Kenntnis der Folgen seines Tuns zur Tat schreitet, bringt sich und andere in Gefahr. Wer nicht im Einklang mit seinem Wissen handelt, ist - mag er auch noch so gebildet und intelligent sein - für die Erziehung im Sinne der "Menschenführung" ungeeignet.

Die Lehre und die Verbreitung der Weisheit spielen hinsichtlich der geistigen Bildung eine bedeutende Rolle. Denn die Weisheit ist ein wichtiger Faktor für die Formung einer intelligenten Persönlichkeit, die die erlernten wissenschaftlichen Wahrheiten in verschiedenen Bereichen des Lebens anwendet. Auf Grund der Wichtigkeit der Weisheit erwähnt Gott dieses Wort sowohl im Koran als auch in anderen Offenbarungsschriften: *Und als ich dich lehrte die Schrift und die Weisheit und die Thora und das Evangelium.* (5:110)

Auch deswegen wurde der Prophet Muhammed mit der Verpflichtung für die Ausbildung durch den Koran, die Reinigung der Seelen und das Lehren der Weisheit entsandt:

> *Demgemäß entsandten Wir zu euch einen Gesandten aus eurer Mitte, euch Unsere Verse zu verlesen und euch zu läutern und euch das Buch und die Weisheit zu lehren und euch zu lehren, was ihr nicht wusstet.* (2:151)

Außerdem wird im Koran dargestellt, dass man im Islam die Einladung zum Weg Gottes mit Weisheit und schöner Ermahnung durchführen soll:

> *Lade ein zum Weg deines Herrn mit Weisheit und schöner Ermahnung.* (16:125)

Zu diesem Thema empfiehlt sich auch die Lektüre der Luqman-Passage in Sure 31, die eine Schlüsselstelle für das Verständnis der Grundlagen islamischer Erziehung ist. Luqman hat von Allah als besondere Qualität "Weisheit" erhalten und er wird deshalb zum Berater seines Sohnes. Insgesamt wird das Wort "Weisheit" im Koran an zwanzig Stellen erwähnt.

24. Islam und Umwelt

Die Umweltfrage wird im Islam in ganzheitlicher Harmonie behandelt. Die Beziehungen zwischen Mensch und Umwelt genießen im Islam einen besonderen Stellenwert.

Im Vergleich zu anderen Religionen betont der Islam neben der reinen Anbetung Gottes soziale Komponenten stärker und beschränkt sich in der Beziehung zwischen Gott und Mensch nicht nur auf den Gebetsraum. Der soziale Charakter der Religion kommt auch in den fünf Säulen des Islam zum Ausdruck, besonders in den Bereichen Armensteuer und Pilgerfahrt. Im Islam können alle Handlungen und Verhaltensweisen des Menschen als eine Form von Anbetung betrachtet werden. Folglich wird die Verantwortung des Menschen gegenüber seiner engeren und weiteren Umwelt im Islam besonders eingehend behandelt. Der Prophet Muhammed wurde dieser Verantwortung in seinen Aussprüchen und in seinem Handeln gerecht. Der Schutz der Umwelt und die Verhinderung ihrer Verschmutzung stehen gemeinsam mit den Gesundheitsfragen im Islam an erster Stelle.

Der Mensch wird folglich zu Sauberkeit und Reinheit, aber auch zum Pflanzen von Bäumen und zu deren Schutz ermuntert.

Der Baum ist eine besondere Gabe Gottes, denn schon der Prophet Muhammed hat empfohlen, Bäume zu pflanzen. Die Früchte des von einem Muslim gepflanzten Baumes gelten als Almosen.

> *Wer unter euch zur Zeit des Weltendes einen Dattelzweig in der Hand hält und in der Lage ist, ihn zu pflanzen, soll dies auf jeden Fall tun.* (Sammlung Bukhari)

Zentrale Punkte des Umweltschutzes finden im Islam Erwähnung:

- Beseitigung der Verschmutzung in der näheren Umgebung des Menschen;
- Beseitigung und Verhinderung von Umweltsünden, die den Menschen beeinträchtigen;
- Maßnahmen zur Reinhaltung des Wassers;
- positive Einstellung zu angenehmen Düften, häufigen Gebetswaschungen und Sauberkeit;
- Unterlassen von Verhaltensweisen, die zur Umweltver schmutzung führen, wie z. B. gedankenloses Spucken, Urinieren oder Wegwerfen von Abfällen.

Hinsichtlich der Umweltschutzbestrebungen fallen in der islamischen Geschichte vor allem Bewässerungssysteme, Brunnen, Bäder, Tierschutzmaßnahmen, Stiftungen für schutzbedürftige Tiere und das Pflanzen von Bäumen ins Gewicht. Auf Grund der vielen Ermunterungen haben viele Menschen für Stiftungen für Umweltfragen gespendet oder selbst solche Einrichtungen gegründet. Umwelt und Islam sind also ein untrennbares Ganzes und sehr eng miteinander verbunden.

Der Umweltverschmutzung liegt in vielen Fällen, z.B. im Bereich Verpackung und Energie, Verschwendung zu Grunde, die aber im Islam eigentlich verboten ist.

In Bezug auf Fragen der Umwelt ist es aus islamischer Perspektive entscheidend, eine "Umweltethik" zu entwickeln und die Menschen für dieses Thema zu sensibilieren.

25. Für Dialog und Toleranz zwischen verschiedenen Religionen

Die Welt wird allmählich zu einem globalen Dorf. Die Interaktionen zwischen Völkern aus unterschiedlichen Kulturen nehmen zu. Gerade diese zunehmenden Verflechtungen sind es, die das Gesellschaftsbewusstsein und das Bewusstsein für Unterschiede wie auch für Gemeinsamkeiten stärken.

Kulturen unterscheiden sich hinsichtlich ihrer Geschichte, ihrer Sprache und ihrer Traditionen, und - vor allem - durch ihre jeweilige Religion. Unterschiede müssen zwar nicht zwangsläufig zu Konflikten führen, und Konflikte müssen nicht immer mit Gewalt verbunden sein. Aber über Jahrhunderte hinweg haben gerade die kulturellen Unterschiede die längsten und verheerendsten Konflikte verursacht.

Wären die Menschen vom Anfang der Geschichte an gebildet und zivilisiert gewesen, könnte heute von einem "Zusammenprall der Kulturen" natürlich keine Rede sein. Aber leider sah die Realität anders aus. Die Welt wurde Zeuge der grausamsten Konflikte und Auseinandersetzungen zwischen unterschiedlichen Kulturen.

Ein konkretes Beispiel aus der Geschichte führt uns die Kreuzzüge als die schlimmste Konfrontation des Westens mit der islamischen Zivilisation vor Augen. Eigentlich hätte es sie gar nicht geben müssen. Denn der Islam hatte, vor allem in der Zeit als er in Andalusien herrschte, bewiesen, wie tolerant und wissenschaftlich ausgerichtet diese Religion sein kann. Die wichtigsten Wissenschaften wurden erst durch den Islam in Europa bekannt und weiter entwickelt. Andersgläubige wurden toleriert und in die Gesellschaft integriert. In dieser Zeit entwickelte sich auch ein lebendiges Miteinander von Kulturen und Religionen - von Juden, Christen und Muslimen. Sogar die

Philosophie des antiken Griechenlands und Roms wurde den Europäern erst durch die Muslime wieder näher gebracht. Ich möchte an dieser Stelle nur Avicenna, Ibn Khaldun und al-Biruni erwähnen, die führende Gelehrte ihrer Zeit waren.

Das hier praktizierte Miteinander der Kulturen und Religionen kann auch für die heutige Zeit Vorbildcharakter haben. Historisch, kulturell oder religiös bedingte Konflikte und Auseinandersetzungen können wir nämlich nur durch Dialog und Toleranz lösen: Die Menschen aus verschiedenen Kulturen müssen miteinander auskommen können, ohne ihre eigene Identität und Mentalität zu verlieren. Dialog und Toleranz sind hinsichtlich globaler Probleme in Bereichen wie Umwelt, Ozonschicht, Wirtschaft, Zerstörung der tropischen Regenwälder und weltweiter Epidemien von besonders großer Bedeutung.

Dialog und Toleranz beinhalten auch, dass die Menschen aus verschiedenen Religionen zusammentreffen und gemeinsame Projekte zu Themen wie Alkoholismus, Drogen, gesunde Familienstruktur, Satanismus usw. entwickeln und nach möglichen Lösungen suchen.

Dialog soll auf verschieden Ebenen zwischen Gemeinschaften, Religionen und Staaten und in unterschiedlichen Bereichen wie Bildung, Wissenschaft, Sport stattfinden. Dabei ist die individuelle Dialogbereitschaft oder die Aufnahmebereitschaft des Dialogpartners von entscheidender Bedeutung. Denn das Individuum kann immer nur die Kultur vertreten, in der es lebt und von der es überzeugt und geprägt ist. Jedes Individuum kann andererseits seine Kultur nur mit Hilfe einer angemessenen Erziehung repräsentieren. Wer Wissen hat, kann dialogbereit sein und auch seine Vorurteile gegenüber anderen abbauen.

Wenn Vorurteile abgebaut sind, entsteht Toleranz. Es gibt vier Stufen, die zu einer toleranten Haltung gegenüber Mitmenschen führen:

Wissen, Erfahrungsaustausch, Kennenlernen und Akzeptanz.

In Anfangsphasen sollte man erst die Gemeinsamkeiten und Berührungspunkte im gesellschaftlichen Leben in den Vordergrund stellen. Wer jedoch nicht tolerant ist und Streit sucht, hebt vor allem die Unterschiede hervor. Natürlich muss man, um einen dauerhaften und realistischen Dialog führen zu können, neben Gemeinsamkeiten auch Unterschiede kennen lernen. Man darf sich aber nicht ausschließlich auf diese konzentrieren. Außerdem müssen die Dialogpartner zunächst Ziel, Inhalt und Methode des Dialogs klar definieren.

An dieser Stelle möchte ich nochmals betonen, dass die Beseitigung der anstehenden Konflikte zwischen Kulturen nur durch die Erziehung und Bildung der Menschen und den aufrichtigen Dialog der Religionen möglich ist. Eine wahre und dauerhafte Plattform des Zusammenlebens schafft man nur durch Wissen. Der Islam ermuntert daher stets zum gegenseitigen Kennenlernen. Im Koran heißt es:

> *O ihr Menschen, Wir erschufen euch von einem Mann und einer Frau und machten euch zu Völkern und Stämmen, auf dass ihr einander kennt. Siehe, der am meisten Geehrte von euch vor Allah ist der Gottesfürchtigste unter euch, Allah ist wissend und kundig.* (49:13)

In der islamischen Geschichte lassen sich die Erfahrungen, die man mit dem Zusammenleben machte, wie folgt darstellen:

1. Schon zur Zeit des Propheten Muhammed lebten die Menschen aus unterschiedlichen Religionen und Kulturen in der Gesellschaft friedvoll zusammen. Das garantierte die in Medina erlassene Verfassung. In dieser wird festgeschrieben, dass die *umma* (Gemeinschaft) nicht nur aus Muslimen besteht, sondern dass alle Gemeinschaften, die diese Verfassung unterzeichnet haben, zu ihr gehören. Diese Verfassung von Medina gilt als die erste Verfassung der Welt, die das praktische Leben regelte. Sie hatte einen bewusst toleranten Charakter, der auch durch die koranische Offenbarung *Es sei kein Zwang im Glauben* (2:256) bestätigt wird. Auch Jerusalem, Arabien und Mittelasien, die Region der Türkvölker, wurden in der Folge nicht - wie heute viele glauben - mit dem Schwert erobert.

2. In der Epoche der Abbasiden teilten sich z.B. Tausende von Menschen aus verschiedenen Kulturen die Zimmer in Krankenhäusern.

3. Unter den Seldschuken (1077-1243) lebten Muslime, Christen und Juden harmonisch zusammen. Mevlana Dschalaleddin Rumi (1207-1273), einer der größten Mystiker des Islam, rief seinerzeit die Menschen zur Einheit auf und forderte sie auf, sich näher kennen zu lernen:

Hin zur Einheit

Komm nah, noch näher, noch näher
Wie weit wirst du so gehen?
Wie weit mit diesem Streit, mit diesem Krieg?
Nun bist du ich und nun bin ich du.

Von den fünf Sinnen und den sechs Himmelsrichtungen
Ziehe alles, was du hast, zur Einheit, zur Einheit.
Komm zu dir, halt dich fern von Egoismus, halt dich davon fern.
Schließe dich den Menschen an, den Menschen,
Sei mit den Menschen eins!
Wenn du mit den Menschen eins bist, dann bist du ein Edelstein, ein Ozean;
Wenn du allein bist, bist du nichts als ein Wassertropfen.

Auf der Welt gibt es viele Sprachen, viele Sprachen,
Aber alles hat die gleiche Bedeutung.
Brichst du die Karaffe, den Krug,
Wie fließt dann das Wasser und findet seinen Weg...
Nun hin zur Einheit, lass den Streit, den Krieg!
Wie schlägt dann das Herz, und wie führt es zu anderen Herzen.

(Mewlana, *berühmter türkischer Mystiker*)

In diesem Zusammenhang ist auch einer der berühmtesten Verse von Yunus Emre (1240-1320), einem berühmten türkischen Volksdichter, zu erwähnen:

Wir lieben das Geschaffene um des Schöpfers willen.

4. Auch im Osmanischen Reich haben jahrhundertelang viele Völker verschiedener Religionen und Kulturen, viele unterschiedliche Nationalitäten friedlich zusammengelebt. Die Balkanländer sind in dieser Hinsicht beispielhaft. Die 1492 aus Spanien vertriebenen Juden wurden von den Osmanen aufgenommen und ihre Nachkommen leben seit 500 Jahren teilweise bis zum heutigen Tage in der Türkei. Die Stadt Istanbul, in der Moscheen, Kirchen und Synagogen jahrhundertelang Seite an Seite standen, besitzt symbolischen Charakter für das friedvolle Miteinander verschiedener Religionen.

All diesen historischen gesellschaftlichen Erfahrungen kann man entnehmen, dass der türkischen Gesellschaft interkulturelles Leben nicht fremd ist. Die Türken waren es seit jeher gewohnt, mit Menschen verschiedener Religionen und Kulturen friedlich zusammenzuleben. Aus diesem reichen historischen Erfahrungsschatz müssen sie auch und gerade heute Nutzen ziehen. Die Wurzeln der Mentalität, die durch diese Erfahrungen entstanden ist, finden sich jedoch im Wesen des Islam und in der islamischen Kultur wieder.

Das grundlegende Prinzip des Dialogs finden wir im Koran. Dort ist die Rede von einem "gegenseitigen Kennenlernen". Dem Islam zufolge lässt sich die Menschheit in zwei Gruppen einteilen: Die islamische Gemeinschaft und die einzuladende Gemeinschaft. Die Einladung ist im Grunde schon Dialog. Menschen, die eingeladen werden, haben die Freiheit, nicht zu glauben und eine negative Antwort zu geben. Insbesondere folgende Frage muss sich jeder stellen: Verlangt meine Religion von mir die Auseinandersetzung mit anderen oder ein Zusammenleben in Frieden? Diese entscheidende Frage sollte man zunächst für sich selbst beantworten. Der Hauptsinn des Dialogs liegt in den Woren: "Ich habe nichts gegen deine Meinung. Lass uns uns verständigen und Freundschaft schließen. Zusammenkommen heißt nicht, dass einer dem anderen etwas antut. Komm und hör mich zuerst an, wenn du mir aber etwas Böses willst, verschieb es auf später."

Im Einzelnen stellt der Koran die Beziehungen zwischen Muslimen, Anhängern der Offenbarungsreligionen und "anderen" folgendermaßen dar. Auseinandersetzungen mit den ‚Schriftbesitzern', also den Anhängern der Offenbarungsreligionen, sollten nur in der Weise des ‚liebenden Streits' stattfinden:

> *Und streitet nicht mit dem Volk der Schrift; es sei denn auf die beste Art und Weise. Ausgenommen davon sind jene, die ungerecht sind. Und sprecht: 'Wir glauben an das, was zu uns und was zu euch herabgesandt wurde; Und unser Gott und euer Gott ist Einer; und Ihm sind wir ergeben.'* (29:46)

Was den allgemeinen Umgang mit Nicht-Muslimen betrifft, so finden wir im Koran folgende Aussage:

> *Allah verbietet euch nicht, gegen jene, die euch nicht des Glaubens wegen bekämpft haben und euch nicht aus euren Heimstätten vertrieben haben, gütig zu sein und redlich mit ihnen zu verfahren; wahrlich, Allah liebt die Gerechten.* (60:8)

Mit anderen Worten kann ein Muslim also mit anderen Freundschaft schließen oder Dialog führen, wenn diese erstens nicht gegen seinen Glauben kämpfen und ihn zweitens nicht aus seiner Heimstätte vertreiben; d. h. wenn sie die geistigen und materiellen Werte der Muslime nicht verletzen.

Die heutige konsumorientierte westliche Zivilisation, die besonders durch technologische Entwicklungen geprägt ist, ist bislang nicht in der Lage gewesen, die Gefühle der Menschen zu befriedigen und die menschlichen Werte im Leben zu fördern - was die führenden

Politiker und Denker der Welt auch eingestehen.

Daher möchte ich zum Schluss Folgendes hervorheben: Gemeinsam sollten wir eine Atmosphäre des Respekts, der Anerkennung und der Akzeptanz aufbauen, zu einem Klima der Kooperation beitragen und Konflikten kooperativ begegnen. Wir sollten uns darum bemühen, Mitmenschlichkeit zu mehren und Unterschiede wie auch Gemeinsamkeiten zu genießen.

26. Anhang

26.1. Die Abschiedspredigt des Propheten Muhammed

Die Abschiedspredigt hielt der Prophet Muhammed im Jahre 632 bei seiner letzten Wallfahrt in Mekka vor ca. 130 000 Menschen. Diese Predigt, im wahrsten Sinne des Wortes ein Testament des Propheten, gleicht einer Verfassung, in der die Rechte und Pflichten der Menschen aufgeführt sind, und befasst sich im Wesentlichen mit den Rechten und Freiheiten des Individuums, den Rechten der Frauen und der rechtlichen und sozialen Gleichheit unter den Menschen.

Alles Lob gebührt Allah! So loben wir Ihn, bitten Ihn um Hilfe, flehen Ihn um Verzeihung an und wenden uns zu Ihm. Und wir suchen Zuflucht bei Allah vor den Übeln unserer selbst und unserer schlechten Taten.

Wen Allah zum geraden Weg leitet, den kann niemand irreleiten, und wen Allah irregehen lässt, für den gibt es keinen, der ihn rechtleitet. Ich bezeuge, dass es keine Gottheit außer Allah gibt, Ihn allein, der keinen Gefährten hat. Und ich bezeuge, dass Muhammed Sein Prophet ist.

O ihr Leute! Hört auf meine Worte, denn ich glaube nicht, dass ich und ihr wieder in einer solchen Versammlung zusammenkommen werden und dass ich nach diesem Jahr noch eine Pilgerfahrt machen werde.

O ihr Leute, wahrlich, euer Blut, euer Leben, euer Eigentum, eure Würde und eure Ehre sind heilig und unantastbar, bis ihr eurem Herrn gegenübersteht, ebenso wie der heutige Tag und der jetzige Monat und diese eure Stadt Mekka heilig sind.

Wer ein Pfand hat, soll es dem zurückgeben, der es ihm anvertraut hat. Wahrlich, jede Art von Zinsen ist aufgehoben. Nur das Geld, das ihr als Darlehen gebt, gehört euch. Auf diese Weise werdet ihr weder tyrannisieren noch tyrannisiert werden. Allah hat den Zins untersagt. Jede Art von dieser schlechten Sitte aus der Heidenzeit ist nun unter meinen Füßen (ausgelöscht). Der erste Zins, den ich aufhebe, ist der, den mein Onkel Abbas ibn Abd al-Muttalib zu empfangen hatte.

Auch die Blutrache der Heidenzeit ist aufgehoben, und die erste Blutrache, die ich aufhebe, ist das Blut meines Neffen Rabia ibn al-Harith, des Enkels Abd al-Muttalibs.

Auch die Verwaltungsangelegenheiten aus der Heidenzeit in Mekka sind aufgehoben, außer der Aufsicht über die Ka`ba und das Tränken der Pilger.

O ihr Leute! Wahrlich, der Satan hat die Hoffnung aufgegeben, jemals in diesem euren Lande verehrt zu werden. Aber es wird eine Art von Gehorsam ihm gegenüber geben in Dingen, die ihr für gering haltet in euren Werken und Verhalten, und das wird ihn befriedigen - so hütet euch vor ihm in eurer Religion.

O ihr Leute, ihr habt ein gewisses Recht über eure Frauen, und sie haben ein gewisses Recht über euch. Sie haben euch gegenüber die Pflicht, nicht euer Bett entehren zu lassen und keinen, den ihr nicht mögt, ohne eure Erlaubnis in die Wohnung zu nehmen. Und erlaubt nicht, dass sie offenkundige Unmoral begehen. Wenn sie das tun, so hat Allah euch erlaubt, sie zu tadeln, euch von ihrem Bett zu trennen und sie zu schlagen, aber nicht heftig; doch wenn sie aufhören, erhalten sie ihren Unterhalt und ihre Kleidung wie üblich.

Wahrlich, der Frau ist es nicht erlaubt, etwas vom Besitz ihres Mannes wegzugeben, außer wenn er es gestattet. Behandelt die Frauen freundlich, denn sie sind eure Helferinnen und können nicht für sich selbst einstehen. Fürchtet Allah hinsichtlich der Frauen, denn ihr habt sie genommen im Schutze Allahs.

Schulden müssen bezahlt werden, Geliehenes ist zurückzugeben, Geschenke sind zu erwidern, und der Bürge hat fällige Schulden zu zahlen.

Wahrlich, ein Verbrecher ist nur für sich verantwortlich. Ein Mensch kann nicht für das Verbrechen seines Vaters verantwortlich gemacht werden, noch der Vater für das seines Kindes.

O ihr Menschen, jeder Muslim ist der Bruder des anderen, und wahrlich, die Muslime sind Brüder. Und eure Sklaven: Gebt ihnen zu essen, was ihr esst, und kleidet sie, wie ihr euch kleidet. Nichts, was dem Bruder gehört, ist einem erlaubt, es sei denn, er gäbe es gern und freiwillig. Tut euch nicht selbst Unrecht.

Kehrt nach mir nicht zum Irrtum zurück, sodass ihr euch die Köpfe einschlagt. Wahrlich, ich habe euch etwas hinterlassen, wodurch ihr in der Folge nie mehr irregehen werdet, wenn ihr euch daran haltet: Das Buch Allahs und die Sunna Seines Propheten. Und hütet euch davor, in religiösen Dingen die Grenzen zu überschreiten, denn diejenigen, die vor euch waren, sind durch Überschreiten der Grenzen der Religion ins Verderben gestürzt worden.

O ihr Leute! Euer Herr (Allah) ist einer, euer Stammvater (Adam) ist einer. Die Menschen stammen von Adam, und Adam ist aus Erde. Der Edelste unter euch vor Allah ist der Gottesfürchtigste von euch. Ein Araber ist nicht vorzüglicher als ein Nichtaraber, noch ein Nichtaraber vorzüglicher als ein Araber; ein Schwarzer ist nicht vorzüglicher als ein Weißer, noch ein Weißer vorzüglicher als ein Schwarzer, außer durch Frömmigkeit.

O ihr Menschen! Wahrlich, Allah der Erhabene hat jedem, dem es zukommt, seinen Anteil am Erbe angeordnet, und es braucht kein Testament für einen Erben gemacht zu werden...

Wer eine andere Abstammung als seinen Vater angibt oder sich als

Klienten eines anderen als seines Meisters ausgibt, auf dem ist der Fluch Allahs. Wahrlich, dienet eurem Herrn, betet fünfmal täglich, fastet im Monat Ramadan, zahlt eure Armensteuer auf euren Besitz mit gutem Willen, und vollzieht die Pilgerfahrt zum Hause Allahs und gehorcht den Herrschenden; so werdet ihr ins Paradies eingehen.

Wer anwesend ist, künde dies dem Abwesenden, denn gar viele, denen es mitgeteilt wird, sind aufmerksamer, als die, die zuhören. Und wenn ihr über mich befragt würdet, was würdet ihr sagen? Sie antworteten: *Wir bezeugen, dass du das anvertraute Gut recht gezahlt hast und die Botschaft mitgeteilt hast und uns guten Rat gegeben hast.*

Da sprach der Gesandte Allahs - Allah segne ihn und gebe ihm Heil! - seinen Zeigefinger gegen Himmel hebend, und dann auf die Leute deutend: *O Allah, bezeuge es, o Allah, bezeuge es, o Allah, bezeuge es!*

26.2. Die 99 schönen Namen Allahs

ALLAH,

ar-Rahman:	Der Allerbarmer (1:1),
ar-Rahim:	Der Barmherzige (1:1),
al-Malik:	Der König (59:23),
al-Quddûs:	Der Heilige (59:23),
as-Salâm:	Die Quelle des Friedens; der Fehlerlose (59:23),
al-Mu`min:	Der Getreue; der wachende Beschützer (59:23),
al-Muhaymin:	Der Wächter (59:23),
al-Aziz:	Der Allmächtige (2:129),
al-Dschabbar:	Der Unterwerfer (59:23),
al-Mutakabbir:	Der Hocherhabene (59:23),
al-Chalik:	Der Schöpfer (59:24),
al-Bari:	Der erfindende Erschaffer (2:54),
al-Musawwir:	Der Gestaltende (59:24),
al-Ghaffâr:	Der große Verzeiher (20:82),
al-Kahhâr:	Der allmächtige Bezwinger (12:39),
al-Wahhâb:	Der Freigebige (3:8),
al-Razzâq:	Der Gewährer des Lebensunterhalts (51:58),
al-Fattah:	Der Öffner der Türen zum Erfolg; der Richter (34:26),
al-Alim:	Der Allwissende (2:29),
al-Kâbid:	Der Einziehende; der Beschränkende; der Einnehmende (2:245),
al-Bâsit:	Der gerecht Verteilende (2:245),
al-Hâfid:	Der die Stolzen Erniedrigende (56:3),
ar-Râfi:	Der Erhöhende (56:3),
al-Mu`izz:	Der Verleiher von Ehre und Macht (3:26),
al-Muzill:	Der Erniedrigende (3:26),
as-Sami:	Der Hörende (2:127),
al-Basir:	Der Sehende (2:96),
al-Hâkim:	Der weise Richter (7:87),
al-Adl:	Der Gerechte,
al-Latif:	Der Gütige; der Scharfsinnige (6:103),
al-Habir:	Der Kundige (2:234),
al-Halim:	Der Nachsichtige (2:225),

al-Azim:	Der Erhabene; der Großartige (2:225),
al-Dschafur:	Der stets Vergebende (2:173),
asch-Schakur:	Der würdigend Dankbare (35:30),
al-Aliy:	Der Höchste (2:225),
al-Kabir:	Der unvergleichlich Große, der Bedeutende (22:62),
al-Hafiz:	Der Beschützer (86:4),
al-Mukit:	Der über alles Erschaffene Seine Hand Haltende (4:85),
al-Hasib:	Der Rechenschaft Ablegende (4:86),
al-Dschalâl:	Der Majestätische (55:27),
al-Karim:	Der Großherzige (82:6),
ar-Rakib:	Der wachsam Beobachtende (4:1),
al-Mudschib:	Der Erhörer der Gebete (11:61),
al-Wasi`:	Der Allumfassende (2:115),
al-Hakim:	Der Allweise (2:32),
al-Wadûd:	Der Liebevolle (11:90),
al-Madschid:	Der Glorreiche (11:73),
al-Bâ`is:	Der Erwecker der Toten,
asch-Schahid:	Der Zeuge (3:98),
al-Haqq:	Die Wahrheit; der Wahrhaftige (31:30),
al-Wakil:	Der beschützende Sachwalter (3:173),
al-Qawiy:	Der Starke (2:82),
al-Matin:	Der Feste; der Ausdauernde (51:58),
al-Waliy:	Der beschützende Freund (42:9),
al-Hamid:	Der Lobenswürdige (2:267),
al-Muhsi:	Der alles Aufzeichnende und Zählende (58:6),
al-Mubdi:	Der Urheber alles Erschaffenen (85:13),
al-Mu`id:	Der Wiederhersteller (85:13),
al-Muhyi:	Der Lebensspender (2:28),
al-Mumit:	Der Lenker der Todesursachen (2:28),
al-Hayy:	Der Lebende (2:255),
al-Kayyum:	Der Beständige; der Ewige (2:255),
al-Wadschid:	Der Findende (93:7),
al-Madschid:	Der Ruhmreiche,
al-Wahid:	Der Eine (2:163),

as-Samid: Der immer Währende und unabhängige Herr (112:2),
al-Qadir: Der Besitzer von Macht und Autorität (2:20),
al-Muktadir: Der alles Könnende und Bestimmende (18:45),
al-Muqaddim: Der Fortschreitende,
al-Mu`ahhir: Der Aufhaltende; der Verschiebende (11:104),
al-Awwal: Der Erste (57:3),
al-Achir: Der Letzte (57:3),
az-Zâhir: Der Offenbare (57:3),
al-Bâtin: Der Verborgene (57:3),
al-Wâli: Der helfende Beschützer und Herrscher (13:11),
al-Muta`âli: Der Höchsterhabene (13:9),
al-Barr: Der gütige Wohltäter (52:28),
At-Tawwâb: Der Reue gnädig Annehmende (2:37),
al-Muntakim: Der Vergeltung Übende (32:22),
al-Afuw: Der Vergebung Gewährende (4:43),
ar-Ra`uf: Der Sanftmütige (2:143),
Malik ul-Mulk: Der unumschränkte Herrscher des Königreichs (3:26),
Zu l-Dschalâl wa l-Ikrâm: Der Herr über Majestät und Ehrwürdigkeit (55:27),
al-Muksit: Der gerecht und billig Handelnde,
al-Dschami`: Der Versammelnde; der Vereinende (3:9),
al-Ghaniy: Der Sich Selbst Genügende (2:263),
al-Mughni: Der Geber von Reichtum (53:48),
al-Mu`ti: Der Gebende,
al-Mâni: Der Zurückhaltende; der Abwehrende,
ad-Dârr: Der Züchtigende; der Bekümmernde,
an-Nâfi: Der Wohltäter; der Nutzbringende,
an-Nûr: Das Licht (24:35),
al-Hâdi: Der Führer (22:54),
al-Bâdi: Der absolute Schöpfer (2:117),
al-Bâki: Der Bleibende,
al-Wâris: Der alles Erbende (15:23),
ar-Raschid: Der auf den rechten Weg Leitende
as-Sabûr: Der Geduldige,

26.3. Die Koransuren in der Reihenfolge ihrer Offenbarung

Fachkundige islamische Religionsgelehrte gehen im Allgemeinen davon aus, dass die Suren des Koran in folgender Reihenfolge offenbart wurden:

1. al-Alaq (96)
2. al-Qalam (68)
3. al-Muzzammil (73)
4. al-Muddaththir (74)
5. al-Fâtiha (1)
6. al-Massad (111)
7. at-Takwîr (81)
8. al-A'lâ (87)
9. al-Lail (92)
10. al-Fadschr (89)
11. ad-Duhâ (93)
12. asch-Scharh (94)
13. al-Asr (103)
14. al-Adiyât (100)
15. al-Kauthar (108)
16. at-Takathur (102)
17. al-Mâ'ûn (107)
18. al-Kâfirûn (109)
19. al-Fîl (105)
20. al-Falaq (113)
21. an-Nâs (114)
22. al-Ihlâs (112)
23. al-Nadschm (53)
24. Abasa (80)
25. al-Qadr (97)
26. asch-Schams (91)
27. al-Burûdsch (85)
28. at-Tîn (95)
29. al-Quraisch (106)
30. al-Qâri'a (101)
31. al-Qiyâma (75)
32. al-Humaza (104)
33. al-Mursalât (77)
34. Qâf (50)
35. al-Balad (90)
36. at-Târiq (86)
37. al-Qamar (54)
38. Sâd (38)
39. al-A'râf (7)
40. al-Dschinn (72)
41. Yâ Sîn (36)
42. al-Furqân (25)
43. Fâtir (35)
44. Maryam (19)
45. Tâ Hâ (20)
46. al-Wâqi'a (56)
47. asch-Schu'arâ (26)
48. an-Naml (27)
49. al-Qasas (28)
50. al-Isrâ (17)
51. Yûnus (10)
52. Hûd (11)
53. Yûsuf (12)
54. al-Hidschr (15)
55. al-An'âm (6)
56. as-Sâffât (37)
57. Luqmân (31)
58. Saba (34)
59. az-Zumar (39)

60. Ghafir (40)
61. Fussilât (41)
62. asch-Schûrâ (42)
63. az-Zukhruf (43)
64. ad-Duhân (44)
65. al-Gathiya (45)
66. al-Ahqâf (46)
67. ad-Dhâriyât (51)
68. al-Ghâschiya (88)
69. al-Kahf (18)
70. an-Nahl (16)
71. Nûh (71)
72. Ibrâhîm (14)
73. al-Ambiyâ (21)
74. al-Mu'minun (23)
75. as-Sadschda (32)
76. at-Tûr (52)
77. al-Mulk (67)
78. al-Hâqqa (69)
79. al-Ma'âridsch (70)
80. an-Naba (78)
81. an-Nâzi'ât (79)
82. al-Infitâr (82)
83. al-Inschiqâq (84)
84. ar-Rûm (30)
85. al-Ankabût (29)
86. al-Mutaffifîn (83)
87. al-Baqara (2)
88. al-Anfâl (8)
89. al-Imrân (3)
90. al-Ahzâb (33)
91. al-Mumtahana (60)
92. an-Nisâ (4)
93. al-Zalzala (99)
94. al-Hadîd (57)
95. Muhammed (47)
96. ar-Ra'd (13)
97. ar-Rahmân (55)
98. al-Insân (76)
99. at-Talâq (65)
100. al-Bayyina (98)
101. al-Haschr (59)
102. an-Nûr (24)
103. al-Hadschdsch (22)
104. al-Munâfiqun (63)
105. al-Mudschâdala (58)
106. al-Hudschurât (49)
107. at-Tahrîm (66)
108. at-Taghâbun (64)
109. as-Saff (61)
110. al-Dschumu'a (62)
111. al-Fath (48)
112. al-Mâ'ida (5)
113. at-Tauba (9)
114. an-Nasr (110)

26.4. Die Pflichten eines Muslims

Dem Islam zufolge gibt es 32 Pflichten, die von jeder muslimischen, erwachsenen Person, die im Vollbesitz ihrer geistigen Kräfte ist, zu erfüllen sind. Diese Pflichten leiten sich aus dem Koran und aus der Sunna ab. Die Beachtung der Pflichten zieht eine Belohnung nach sich, ihre Missachtung eine Bestrafung.

Pflichten im Bereich Glaubensgrundsätze (6):

* Der Glaube an Allah, die Engel, die Bücher, die Propheten, das Jenseits und die Vorherbestimmung.

Pflichten im Bereich Säulen des Islam (5):

* Das Bezeugen, dass es außer Allah keine Gottheit gibt und dass Muhammed sein Gesandter ist, Gebet, Armensteuer, Pilgerfahrt und Fasten im Ramadan.

Pflichten im Bereich der kleinen Waschung (4):

* Waschen des Gesichts, der Hände bis zum Ellenbogen, Benetzung des Kopfs mit Wasser und der Füße bis zu den Knöcheln.

Pflichten im Bereich der großen Waschung (3):

* Das Spülen des Mundes und der Nase und die Benetzung des ganzen Körpers mit Wasser.

Pflichten der Staubwaschung (*tayammum*) (2):

* Ein zweimaliges Berühren der Erde und das Einreiben von Gesicht und Armen mit der Hand, die die Erde berührt hat (wenn kein Wasser vorhanden ist).

Auf das Gebet bezogene Pflichten, die vor dem Gebet einzuhalten sind (6):

* Sich von ritueller Unreinheit befreien
* Sauberkeit des Körpers, der Kleidung, der Gebetsstelle

* Bedecken der Schamteile
* Gebetsrichtung zur Ka`ba
* Bindung des Gebets an bestimmte Zeiten
* Absicht

Auf das Gebet bezogene Pflichten, die während des Gebetes einzuhalten sind (6):

* Zu Beginn des Gebets *"Allahu akbar"* sprechen (*takbir*);
* Stehen im Gebet (*qiyam*);
* Koranrezitation (*qiraat*);
* Sich-Vorbeugen im Gebet (Rumpfbeugung) (*ruku*);
* Sich-Niederwerfen im Gebet (*sadschda*);
* Abschließendes Sitzen im Gebet (*qada achira*).

26.5. Der islamische Kalender

Der islamische Kalender wurde im Jahre 638 n. Chr. vom zweiten Kalifen Umar eingeführt. Er basiert auf dem ‚Mondjahr', das aus zwölf synodischen Monaten besteht. Ein synodischer Monat entspricht der Zeitspanne von einem bis zum nächsten hilal (Neumond), d.h. 29,5306 Tagen. Damit hat das islamische Jahr 354,367 Tage (29,5306 x 12). Um den Monaten keine Bruchzahlen zuordnen zu müssen, sondern ganze Zahlen verwenden zu können, entschied man sich dafür, abwechselnd 29-tägige und 30-tägige Monate aufeinander folgen zu lassen. In einem Zeitraum von 30 Jahren wird dem letzten Monat des islamischen Jahres jeweils elf Mal ein Schalttag hinzugefügt. Der islamische Kalendertag beginnt und endet mit dem Sonnenuntergang.

Der erste Tag des islamischen Kalenders war der 1. Muharram des Jahres, in dem der Prophet von Mekka nach Medina emigrierte. Dort wurden ihm u.a. auch Weisungen offenbart, die die künftige Berechnung der Zeit betrafen:

> *Er ist es, Der die Sonne zur Helligkeit und den Mond zu einem Licht machte und ihm Stationen zuwies, damit ihr die Anzahl der Jahre und die Berechnung (der Zeit) beherrschen könnt.*
> (Der Koran, 10:5)

Gegenüber dem Sonnenjahr des gregorianischen Kalenders verschiebt sich das Mondjahr des islamischen Kalenders alljährlich elf Tage nach hinten, da es 10,875 Tage kürzer ist. Für die Umrechnung von Jahreszahlen des islamischen bzw. gregorianischen Kalenders kann man folgende Formel verwenden, wobei C den Jahren n. Chr., H den Jahren nach der Hidschra entspricht:

$$C = H \times 32/33 + 622$$
$$H = (C-622) \times 33/32$$

Die Tatsache, dass heute auch die meisten islamischen Länder auf den gregorianischen Kalender zurückgreifen, liegt darin begründet, dass dieser für Wirtschaft und Verwaltung leichter zu berechnen ist. Termine und Daten, die an bestimmte Jahreszeiten gebunden sind, müssen nach dem gregorianischen Kalender nicht ständig neu berechnet werden. Nichtsdestotrotz richten sich aber weiterhin alle religiösen Festtage nach dem islamischen Kalender.

Die Monate des islamischen Kalenders lauten im Einzelnen:

Al-Muharram	(30 Tage)
Safar	(29 Tage)
Rabi I	(30 Tage)
Rabi II	(29 Tage)
Dschumada	(30 Tage)
Dschumada II	(29 Tage)
Radschab	(30 Tage)
Scha'ban	(29 Tage)
Ramadan	(30 Tage)
Schauwal	(29 Tage)
Dhul-Qa'da	(30 Tage)
Dhul-Hidschscha	(29 Tage, in Schaltjahren 30 Tage)

26.6. Maria

Hanne,
Die Großmutter von Jesus,
Die Mutter von Maria,
Die Ehefrau von Imran,
Die Schwiegermutter von Zacharia,
Die Tochter von Fazuka,
betete, als sie schwanger war:

"Mein Herr, siehe, ich gelobe Dir,
was in meinem Schoße ist, zu Eigen;
so nimm es von mir an; siehe,
Du bist der Hörende, der Wissende."

Das war ein Bittgebet,
Aufrichtig und ehrlich.

Das Baby kam zur Welt,
Und Mutter Hanne,
Sprach zu Gott,
Der doch davon wusste:

"Mein Herr, ich habe es als Mädchen geboren,
und ich habe sie Maria genannt;
ich übergebe sie und ihre Nachkommen
in Deine Hut
zum Schutz vor dem Satan."

Ihr Herr nahm sie an,
Und ließ sie wachsen
Wie eine schöne Blume.
Schnell aber wurde Maria zum Waisenkind,
Ihren Vater verlor sie,
Noch bevor sie zur Welt kam,
Ihre Mutter schied nicht viel später dahin.

Ihre Bekannten und Verwandten
Versammelten sich nun;
Sie entschieden sich auszulosen,
Wer Maria zur Pflege nimmt.
Die Familie Imrans aber,
Warf vor den Augen aller
die Stifte in den Fluss.
So wurde schließlich Zacharia, der Prophet,
Zum Bevollmächtigten Marias.
Er war ihr Schwager,
Seine Frau ihre Tante.
Die Engel sprachen zu Maria:

"Maria, Allah hat dich erwählt
und hat dich gereinigt
und hat dich erwählt vor den Weibern aller Welt.
O Maria, sei andachtsvoll zu Deinem Herrn
und wirft dich nieder
und beuge dich mit den sich Beugenden."

Maria betete
Zurückgezogen im Tempel;
Die Engel aber fuhren fort:

"O Maria, siehe,
Allah verkündet dir ein Wort von Ihm;
sein Name ist der Messias Jesus, der Sohn der Maria,
angesehen hieniden und im Jenseits
und einer der (Allah) Nahen.
Und reden wird er mit den Menschen
in der Wiege und in der Vollkraft,
und er wird einer der Rechtschaffenen sein."
Jesus ist kein Mensch wie ihr.
Er wurde auf außergewöhnliche Weise erschaffen.
Er ist das gerechte Wort Gottes; er kann daher
Früher sprechen als Seinesgleichen.
Auf diese so frohe Botschaft

Entgegnete Maria ihnen:

**"Mein Herr, woher soll mir ein Sohn werden,
wo mich kein Mann berührte?"**

Und Gott antwortete:

**"Also schafft Allah, was Er will;
wenn Er ein Ding beschlossen hat,
spricht Er nur zu ihm:
'Sei!' und es ist."**

Gott lehrt Jesus
Das Schreiben und die Weisheit,
Die Thora, das Evangelium;
Den Kindern Israels
Sendet Er ihn:

Als einen Propheten, als Seinen Gesandten.
Jesus wendet sich an die Menschen:

**"Siehe, ich komme zu euch
mit einem Zeichen von euerm Herrn.
Siehe, ich will euch erschaffen
aus Ton die Gestalt eines Vogels
und will in sie hauchen, und sie soll werden
ein Vogel mit Allahs Erlaubnis;
und ich will heilen den Mutterblinden und Aussätzigen
und will die Toten lebendig machen mit Allahs Erlaubnis,
und ich will euch verkünden, was ihr essen
und was ihr aufspeichern sollt in euern Häusern.
Und als Bestätiger (komme ich) von der Thora,
die vor mir war, und um euch zu erlauben
einen Teil von dem, was euch verwehrt war;
und ich komme zu euch mit einem Zeichen von euerm Herrn.
So fürchtet Allah
und gehorchet mir;**

siehe, Allah ist mein Herr und euer Herr,
drum dienet Ihm.
Dies ist ein rechter Weg."

***

So gaben die Engel Maria
Diese frohe Botschaft im Tempel.

***

Maria kapselte sich von ihren Angehörigen ab;
Und begab sich an einen Ort im Osten.
Sie verschleierte sich vor ihnen.
Gott aber sandte Seinen Geist zu ihr,
Und erschien ihr als vollkommener Mensch.
Maria glaubte Ihn zu erkennen und sprach:

"Siehe, ich nehme meine Zuflucht
vor dir zum Erbarmer, so du Ihn fürchtest."

Er jedoch verkündete:

"Ich bin nur der Gesandte deines Herrn,
um dir einen reinen Knaben zu bescheren."

Eine wahrhaft frohe Botschaft,
Denn was die Engeln sagten,
Wurde nach Gottes Willen verwirklicht.
Maria fragte erstaunt:

"Woher soll mir ein Knabe werden,
wo mich kein Mann berührt hat
und ich keine Dirne bin?"

Er sprach:

"Also sei's! Gesprochen hat dein Herr:
‚Das ist Mir ein Leichtes'; und Wir wollen
ihn zu einem Zeichen für die Menschen machen
und einer Barmherzigkeit von Uns.
Und es ist eine beschlossene Sache."

***

Gott hatte gesprochen
Und es kam wie verkündet.
Maria empfing Jesus
An einem entlegenen Ort.
Wehen überkamen sie
Unter einer Palme, da rief sie aus:

"O dass ich doch zuvor gestorben
und vergessen und verschollen wäre!"

Doch eine Stimme wurde laut:

"Bekümmere dich nicht;
dein Herr hat unter dir
ein Bächlein fließen lassen;
Und schüttele nur den Stamm
des Palmbaums zu dir,
so werden frische reife Datteln auf dich fallen.
So iss und trink und sei kühlen Auges."

Sie wurde geheißen:

"Und so du einen Menschen siehst,
So sprich: 'Siehe, ich habe dem Erbarmer
ein Fasten gelobt; nimmer spreche ich
deshalb heute zu irgendjemand.'"

***

Maria brachte den Neugeborenen
Danach zu ihrem Volk.
Doch sie klagten sie an:

"O Maria, fürwahr,
du hast ein sonderbares Ding getan!
O Schwester Aarons,
dein Vater war kein Bösewicht
und deine Mutter keine Dirne."

Sie deutete einfach auf ihn.
Die Leute verstanden nicht, sie fragten:

"Wie sollen wir mit ihm, einem Kind
in der Wiege, reden?"

Nun aber geschah ein Wunder Gottes vor ihren Augen:
Jesus, im Schoß der Mutter, sprach:

"Wahrlich, ich bin Allahs Diener.
Gegeben hat Er mir das Buch,
und Er machte mich zum Propheten.
Und Er machte mich gesegnet,
wo immer ich bin, und befahl mir
Gebet und Almosen, solange ich lebe,
Und Liebe zu meiner Mutter;
und nicht machte Er mich hoffärtig und unselig.
Und Frieden auf den Tag
meiner Geburt und den Tag, da ich sterbe,
und den Tag, da ich erweckt werde zum Leben!"

Abdullah Aymaz

26.7. Tod und Bestattung im Islam

Beim Tode eines Muslims haben zunächst seine Angehörigen, aber auch andere Muslime, die diesen kennen, bestimmte Pflichten. Diese Pflichten beziehen sich auf folgende Bereiche:

1) den Todeskampf (*ihtizar*),
2) die Bekanntmachung des Todes,
3) die rituelle Waschung des Leichnams und Totenbekleidung,
4) das Totengebet und
5) die Bestattung.

1) Der Todeskampf (*ihtizar*)

Den Zustand des Dahinscheidens eines Menschen nennt man *ihtizar*. Der sterbende Mensch sollte auf seine rechte Seite gedreht und sein Anlitz der Ka`ba zugewandt werden. Immer wieder sollten ihm die Worte "la ilaha illallah" (Es gibt keine Gottheit außer Allah) vorgesprochen werden. Einigen Überlieferungen zufolge kann ihm auch die Koransure Ya Sin vorgetragen werden.

2) Bekanntmachung des Todes

Der Tod eines Menschen ist seinen Verwandten, Bekannten und anderen Muslimen persönlich, über Kommunikationsmittel wie Telefon und Post oder über Anzeigen mitzuteilen. Wer vom Tode eines geliebten Menschen erfährt, dem empfiehlt der Prophet Muhammed, geduldig zu sein und bei Gott Zuflucht zu suchen.

3) Die rituelle Waschung des Leichnams und Totenbekleidung

Es ist eine kollektive Pflicht (*fard-kifaya*) der Muslime, in erster Linie der Familienangehörigen und Bekannten, den Körper eines verstorbenen Muslims rituell zu waschen und zu bekleiden. Der Körper des Verstorbenen wird zunächst seiner Kleidung vollständig entledigt und vom Bauchnabel bis zu den Knien mit einem Tuch bedeckt. Die Augen des Verstorbenen werden geschlossen. Mit Hilfe eines Tuchs wird ihm das Kinn an den Hinterkopf gebunden, damit der Mund geschlossen bleibt. Dann wird der Leichnam auf einen Tisch gelegt, von dem das Wasser gut ablaufen kann, wobei er auf dem Rücken liegt und seine Füße in Richtung Mekka weisen. Ein Mann wird in der Regel von Männern, eine Frau von Frauen gewaschen. Zumindest eine Waschung ist Pflicht, im Normalfall wird der Leichnam aber dreimal hintereinander gewaschen, was der Sunna entspricht. Um die rituelle Waschung vollziehen zu können, muss mindestens die Hälfte des Körpers vorhanden sein. Wenn ein verstorbener Muslim ausschließlich nicht-muslimische Verwandte hat, soll sein Leichnam nicht ihnen, sondern der muslimischen Gemeinde anvertraut werden, die dann ihre kollektive Pflicht wahrnimmt.

Nach der Waschung wird der Leichnam in weiße Leichentücher gehüllt. Für einen verstorbenen Mann werden drei unterschiedlich große Tücher verwendet, für eine Frau zusätzlich ein Kopf- und ein Brusttuch. Nach der Waschung wird der Körper in einen offenen Sarg gelegt.

4) Das Totengebet

Das Totengebet ist eine kollektive Pflicht, die vorzugsweise auf einem freien Platz stattfindet. Der Leichnam wird so aufgebahrt, dass er auf der rechten Seite liegt und sein Gesicht nach Mekka weist. In dieselbe Richtung gewandt stehen hinter dem Toten der Vorbeter und hinter ihm in dichten Reihen die teilnehmenden Muslime.

Das Totengebet besteht aus vier einführenden *takbir* (*Allahu akbar*), Lobpreisungen Gottes, einem Segensgebet zu Gunsten des Propheten Muhammed, einem Bittgebet für den verstorbenen Menschen, vier weiteren *takbir* und dem Schlussgruß nach rechts und nach links. Im Totengebet werden keine Koranverse rezitiert. Eine Ausnahme bilden die Bittgebete im Koran.

Nach dem Totengebet sollte sich der Muslim nicht mehr abfällig über schlechte Menschen äußern. Bei guten Menschen hingegen sollte er deren positive Seiten lobend hervorheben.

5) Die Bestattung

Auch die Bestattung selbst gehört zu den kollektiven Pflichten. Nach dem Totengebet tragen die Muslime den Leichnam bis zum Grab und setzen ihn dort würdevoll bei. Während des Trauerzuges wechseln die Träger des Sarges einander ab. Für Trauergäste ist es verdienstlich, den Leichnam einige Schritte mitzutragen.

Das Grab ist so auszuheben, dass die längere Seite nach Mekka ausgerichtet ist. Dementsprechend muss in Deutschland die schmale Seite von Südwesten nach Nordosten zeigen und das Haupt des Toten nach Südwesten. Es ist leicht zur rechten Seite geneigt, damit das Gesicht Mekka zugewandt ist. Im Allgemeinen wird das Grab von der Trauergemeinde selbst zugeschüttet.

Das Grab sollte möglichst schlicht gestaltet sein. Es wird durch einen etwa handbreit hohen Grabhügel und eine Steinplatte am Kopfende kenntlich gemacht. Zusätzlich kann eine Steinplatte am Fußende stehen. Das Zubetonieren von Gräbern ist grundsätzlich untersagt. Eine Bepflanzung des Grabes ist möglich, Blumensträuße sollten aber nicht auf das Grab gelegt werden. Auch das Aufstellen von Kerzen ist nicht gestattet. Muslimische Familien besuchen die Gräber von Angehörigen und Freunden an Festtagen, um dort Gebete für die Verstorbenen zu sprechen.

Gräber von Muslimen haben einen dauerhaften Charakter und dürfen nicht eingeebnet werden. Die Knochen der Verstorbenen können jedoch gesammelt und ausgegraben werden, vorausgesetzt, sie werden dann in ein anderes Grab verlegt. Das Wiederbelegen einer Grabstätte durch Verwandte ist grundsätzlich möglich. Der Verwesungsprozess des zuvor hier beerdigten Menschen muss jedoch abgeschlossen sein, sodass keine menschlichen Überreste mehr im Grab zu finden sind.

In einem Hadith heißt es:

> *Wenn ein Mensch stirbt, bleiben nur folgende drei seiner Handlungen erhalten: freiwillig gewährte Almosen (die auch nach dem Tod eines Menschen weiterhin Gutes bewirken) (sadaqa dschariya), nutzbares Wissen und gute Nachkommen, die für ihre Eltern beten.*

27. Quellenangaben und weiterführende Literatur

Akyol, Taha; Haricilik ve Sia, Kubbealti Nesriyati, Istanbul 1988
Arikan, Hasan; Ilmihal Gebetslehrbuch, VIKZ, Köln 1998
Behr, Harry Harun, Islamische Bildungslehre, Dar-us-Salam 1998
Canan, Ibrahim; Kütüb-i Sitte (18 Bände), Akçag/Zaman, Istanbul 1995
Endreß, Gerhard; Der Islam, Eine Einführung in seine Geschichte, C.H.Beck, München 1997
Falaturi, Abdoldjavad/Tworuschka, Udo; Der Islam im Unterricht, Barunschweig 1992
Goldziher, Ignaz; Vorlesungen über den Islam, Carl Winter Universitätsverlag, Heidelberg 1963
Gramlich, Richard; Islamische Mystik, Kohlhammer, Stuttgart 1992
Gramlich, Richard; Muhammed al-Gazzalis Lehre von den Stufen zur Gottesliebe, Franz Steiner Verlag, Wiesbaden 1984
Goethe, Johann Wolfgang; West-oestlicher Divan, dtv, München 1997
Gülen, M. F.; Kalbin Zümrüt Tepeleri, Nil, Izmir 1994
Hamidullah, Muhammad; Der Islam, IZM 1991
Hamidullah, Muhammad; Hazreti Peygamberin Savaslari,Yagmur Yayinlari, Istanbul 1991
Henning, Max; Der Koran, VMA-Verlag (Reclam), Stuttgart 1996
Ibn Ishaq; Mohammed - Das Leben des Propheten, Goldmann Verlag, Stuttgart 1982
Ihsanoglu, Prof. Dr. Ekmeleddin; Osmanli Mediniyeti Tarihi, 2 Bände, Feza Gazetecilik A.S., 1999
Ihsanoglu, Prof. Dr. Ekmeleddin; Osmanli Devleti Tarihi, 2 Bände, Feza Gazetecilik A.S., 1999
Islam Ansiklopedisi, Türkiye Diyanet Vakfi, Istanbul 1994
Karaman, Prof. Dr. Hayrettin; Erlaubtes und Verwehrtes, TDV, Ankara 1990

Khoury, Adel Theodor; Der Islam, Verlag Herder, 1988
Khoury, A. Theodor; Gebete des Islam, GTB, Gütersloh 1995
Khoury, Adel Theodor; So sprach der Prophet, GTB, Gütersloh 1988
Mertek, Muhammet; Wörterbuch islamischer Begriffe, Nil Verlag, Izmir 1996
Nagel, Tilman; Geschichte der islamischen Theologie, C.H.Beck, München 1994
Nursi, Said; Risale-i Nur Külliyati, Sözler, Istanbul 1990
Ocak, Ahmet Yasar, Türk Sufiligine Bakislar, Iletisim Yayinlari, Istanbul 1999
Rassoul, M. Ahmad; Die ungefähre Bedeutung des Qur`an Karim, Islamische Bibliothek, Köln
Sahin, M. Abdulfettah; Ölçü ve Yoldaki Isiklar (1.2.3.4), TÖV. Yayinevi, Izmir
Said, Edward; Orientalismus, Ullstein, Frankfurt a.M. 1981
Schimmel, Annemarie; Dein Wille Geschehe, Gorski&Spohr, Bonndorf 1995
Schimmel, Annemarie; Mystische Dimensionen des Islam, Insel Taschenbuch, 1995
Schimmel, Annemarie; Yunus Emre, Önel Verlag, Köln 1991
Textor, T.M.; Sag es treffender, Rowohlt, 1994
Van Ess, Josef; Theologie und Gesellschaft im 2. Und 3. Jahrhundert Hidschra, Band I, Walter de Gruyter, Berlin 1991
Yazir, Elmalili/M. Hamdi; Hak Dini Kur`an Dili, Feza, Istanbul 1996
Yeni Ansiklopedi (4 Bände). Timas Yayinlari, Istanbul 1991
Zuhayli, Vehbe; Islam Fikhi Ansiklopedisi (10 Bände), Feza Yayincilik, Istanbul 1994

Register

A

Abbasiden 117
Abraham 21
Abschiedspredigt 172
Absicht 26
Abu Bakr 115
Abu Hanifa 90, 92
Abu Haschim al-Kufi 79
Adam 20
ahl al-bayt 98, 100
Ahmad ibn Hanbal 90, 95
Aischa 112
Alewiten 98
al-fâtiha 69
Ali 115, 140
Ali Kuscu 124
Analogieschluss 89
ansar 107
asbabun-nuzul 85
Aschariyya 90, 92
Astronomie 158
Auferstehung 24, 29
Aufrichtigkeit 80
Ayyubiden 117
Azrail 23, 35

B

Badr 107
Baki 124
baraa 78
Barmherzigkeit 28
Begrüßung 150
Bestattung 191, 193
Bittgebet 66
Botanik 158
Brüderlichkeit 82

C

cami 75
Chemie 159
Christen 18, 62, 71, 107, 125, 129

D

Dialog 165
dschahiliya 102
Dschuwariya bint Harith 113
Dschihad 130, 131, 132, 133
du`a 66

E

Ebu Suud Efendi 124
Engel 23
Enthüllungsglaube 24
Erdkunde 158
Evangelium 23
Evliya Celebi 124

F

fard 40
Fasten 51
Fatimiden 117
Feste im Islam 64
Frau 144, 145, 146
Frieden 137
futuwwa 81

G

Gabriel 23
Gebetshaltungen 47
Gebetsruf 74
Gebetstexte 47
Ghaznawiden 118
Glaubensbezeugung 42

Glaubensgrundsätze 14
Gottesvorstellung 14, 15, 17
Grundrechte im Islam 12

H
Hadith 87
Hadith-Sammlungen 88
Hadsch 52
Hafsa 114
Hanifen 102
haram 41
Hawari 22
Heilige Nächte 77
Heiliger Krieg 131
Hidschra 106
Hudaibiya 107, 138, 141

I
Ibn Kemal 124
Ibrahim Hakki 14
idschma 88
idhul-adta 65
idhul-fitr 65
ihram 53
Imamiten 97
Interreligiöses Gebet 71
Islam 12
Itri 124

J
Jenseits 24, 27
Jesus 22, 127, 128

K
Kalender 183
kalimatu-llah 22
Karahaniden 118
Katib Celebi 124
Khadidscha 111
Khaibar 108
Kharidschiden 115
Konsens 88
Koran 31, 84, 85
Koransuren 179
Kreuzzüge 120, 121
Kunst 160

L
Luqman 26

M
Mahmud von Ghazna 118
mahr 145
makruh 41
Malik ibn Anas 90, 93
Mamluken 117
Maqam Ibrahim 21
Maria 126, 185
Mathematik 159
Maturidiyya 90, 91
maulid 77
Medizin 158
Mekka 106
Messias 22
Mewlana 120, 168
Michael 23
mihrab 75
Minarett 76
minbar 75
miqad 54
mi`radsch 77
Moschee 75
Moses 21
mubah 41
mufsid 41
muhadschirun 107
Muhammed 103, 104
mushaf 85
mustahab 41
Mu`tazila 96

N
Nachahmungsglaube 24
Nachbarschaft 154
Nafi 124
namaz 42
Namen Allahs 16, 176
Noah 21
Nusairiten 97

O
Offenbarungsschriften 23
Opferfest 58
Optik 159
Osmanen 122, 169

P
Paradies 156
Pflichtgebet 42
Pilgerfahrt 52
Piri Reis 124
Prophetenschaft 18, 19
Propheten im Koran 19, 20
Psalter 23

Q
qadr 78
qiyas 89

R
raghaib 77
rak`a 44
Raphael 23
Rechte der Kinder 148
Rechtsquellen des Islam 84
Rechtsschulen 90, 92
Reinheit 152, 153
Religion 11
rida 83

S
Safiya 113
sa`i 54
samah 98
Säulen des Islam 42
Sauberkeit 152
Sauda bint Sam`a 112
Schaich Ismail 122
Schafi`i 90, 94
Schiiten 96, 98
Schlachtung 60
Seldschuken 119
sidq 80
Sinan 124
Sozialabgabe 50
Soziologie 158
Sufismus 79
Sunna 40, 86
Sunniten 86

T
takbir 44
tanzimat fermani 123
Tawaf 54
tawakkul 83
tayammum 181
Thora 22, 23
Tod 24
Toleranz 165, 166

U
Uhud 107
Ulug Beg 124
Umar ibn al Khattab 114, 115
Umayyaden 116
umma 167
Umm Habiba 113
Umm Salama 112
Umwelt 163
Uthman 115

V
Vorherstimmung 35

W
wadschib 40
Wahrhaftigkeit 80
Weisheit 161
Wissenschaft 155, 156
witr 40, 44
Wohlgefallen 83

Y
Yunus Emre 120, 159

Z
Zaiditen 97
Zainab bint Dschahsch 113
zakat 50